「改定教育基本法」下の学校をどう生きぬくか

4・7緊急集会の記録

4・7集会実行委員会・編

本書は、二〇〇七年四月七日、東大教育学部一五六番教室で行なわれた集会「改定教育基本法と教育実践の現在」の記録である。

はじめのことば

里見 実
SATOMI Minoru

学期始めで大変お忙しいなか、ようこそいらっしゃってくださいました。呼びかけ人の一人で、里見と申します。

昨年の一二月一五日、国会まえの人垣のなかで、私は新教育基本法の通過の知らせを聞いたわけでありますす。そのときにとっさに思ったことは、今回は「後の祭りが重要ではないか」ということであります。「後の祭り」というのは、日本語では「後になって騒いでも、意味がない」というネガティブな意味で使われていると思うのですけれども、ことこのたびにかんしては、「後の祭り」がひじょうに重要ではないかと思ったわけです。

教育基本法の根本的な理念は、あの愚劣な政治家たちの数の暴力によってけっして葬り去られるものではないのだ、ということを、私たちはくり返し、飽くことなく示し続けていかなければならないのではないか。そして、それを自分たちの仕事や実践を通して、示し続けていかなければならないのではないか、と考えたわけであります。

その「後の祭り」をどのようなかたちで立ち上げるのかということですが、とりあえず私が以前に『ひ

里見実さん

と』の編集や「ひと」塾を通して知り合っていた仲間たちの何人かが集まりまして、小さな集会をもとうということにいたしました。その集会が、この集まりであります。

当初はもう少し小規模な集まりを考えていました。自分たちの実践のいまを持ち寄って、おたがいに情報を交換しあう、まあ言ってみれば、ほとんど同窓会めいた集まりを最初は考えておりました。それで会場も某所の会議室を予約いたしました。

しかし、呼びかけを始めてすぐにわかったことなのですが、同じ思いをお持ちのかたがひじょうに多い。参加を希望されるかたがひじょうに多くて、当初考えていたかたちではもうすまないことに気づかされました。それで急きょ、佐藤学さんのご尽力でこの教室（東大教育学部）に会場を変更させていただきました。

今日の会の進め方ですが、二部構成を考えました。

第一部は主として状況論といいましょうか、私たちがいま立っている状況について、少し議論をしたいと思っております。ただ、この第一部にかんしては重大な変更がございます。最初に平林浩さんに発題をお願いしておりました。この集会のチラシの言葉、「教育がこんなにも卑しめられた時代はない」は、打ち合わせの集まりのときに、平林さんがふと呟《つぶや》かれた言葉をそのままとらせていただきました。この言葉が私たちの気持ちを衝《つ》いたわけであります。

じつは一昨日の夜、平林さんのご母堂が急逝されまして、今日、ここにおいでになることができなくなりました。直接、平林さんからその呟きのなかに込められた思いを語っていただけないのは、大変残念でありますそれで呼びかけ人のお一人の鈴木和夫さんに代役をお願いいたしました。代役とは言うものの、平林さんとはまた異なる角度から、より重要な問題提起をしてくださることになろうかと思います。新教育基本法「改正」を先取りするようなかたちで行なわれている東京都の教育の現状などについても、ご報告をいただくことになります。

それから第二部では、三人のかたに発題をお願いしております。それぞれ小中高の現場からの発言ですから、おたがいの実践を報告しあいながら、そのなかで経験している手ごたえ、あるいはそのなかでの問題点などを議論し、さらにそうした経験をどのように若い世代の人びとに手渡していくか、伝えていくのか、議論を深めることができればと思います。

（国学院大学）

もくじ

表紙デザイン：山本　寛
本文写真撮影：楠原　彰
構成編集：永易至文

第1部

現場でいま、なにが起こっているか

「統治としての教育」を完成させた東京 報告1

鈴木和夫
SUZUKI Kazuo

改正教育基本法がめざす三つの「標準」

東京で小学校の教師をしております、鈴木と申します。東京の教育の現状ということでお話しさせていただきますが、時間も限られておりますので大変雑駁《ざっぱく》な話になるかと思いますので、ご了承ください。

今度の教育基本法は、改正とは言いながら、じつのところ新法です。前基本法の考え方そのものを継承・発展させるどころか否定し、新しい教育の枠組みを提示したものです。その内容については、後ほどどなたかが詳細に述べていただけるかと思いますので、ここではかんたんに触れたいと思います。基本的には、「戦争のできる国家」の国民の標準《スタンダード》をある程度、明確に打ち出したものと言えるでしょう。

標準の一つ目は、愛国心です。いま、道徳を教科にしようとしています。愛国心をもつことを一つの標準とするのですから、愛国心をもたない子はだめな子ということになります。二つ目は、戦争に協力するボランティア活動を標準にするということです。これは「周辺事態法」に示された「戦争協力条項」の具体化です。奉仕活動を徹底させ、強制しながら、いざというとき、ためらうことなく戦争にボランティアとして参加させることを意味しています。三つ目は、「戦争ができる国家」に貢献できること、また、そういう国家を理解できるだけの学力をもつことです。

こういうスタンダードを明確にし、学校教育でそれを徹底して教えなさい、というのがこの新法の中身だろうと思うのです。東京の教育は、この三つの標準がほぼ具体化されていると言ってよいでしょう。この会場には東京の先生がたくさんいらっしゃいますので、詳細はご存じかと思いますが……。

研修を強制されつづける教師

いま、東京の教育は「統治としての教育」をほぼ完成させていると思います。それも、精度の高いレベルで実行されていると言ってよいでしょう。

「統治としての教育」を徹底するため、東京では、教師・親・子どもにたいして矢継ぎ早に具体策を「教育改革」として下ろしています。最初は、教員統制なんだ、という感じで受けとめていましたが、しだいに「統治としての教育」としてのビジョンに裏付けられた「制度」なのだということが明確になってきました。教師にたいする「統治」として「制度化」されたものを、順次、見ていきたいと思います。

まず、教師の「自己申告」です。文書は自己申告書。これは「校長の学校経営に、あなたはどう協力できるのか」を申告するスタイルになっています。現在では、その申告に対する到達度を自己診断しないといけません。

二つ目は、強制的な研修です。教師は、短期・長期の研修計画を作り、校長に提出します。研修内容は

鈴木和夫さん

あとで詳細に述べますが、教育委員会によって設定されたもののなかから校長と相談して選択するという制度になっています。

三つ目は、キャリアプランです。キャリアの一つは、管理職をめざすものです。いま一つは、授業のスペシャリストをめざすプランですが、現在では、主幹教諭、主任教諭という職階制を導入しましたから、基本的には、校長・副校長・主幹・主任が職階として設定され、一人ひとりの教師について回るようになりました。ですから、自分のキャリア計画をふくめて、教師として教育にどうかかわっていくのかということを、あらかじめ校長や教育委員会に相談しながら決めていくように制度化されたということです。これらはすべて賃金と連動しているのです。

東京では昔は、あまり「研修」とは言わず、「研究」という言葉を使っていました。「授業研究」という具合にです。教師はみずから研究し、仲間と研究しながら自分の実践力を養っていく、そういうスタンスがおおむね認められていました。それが、「研修」という言葉にとって替えられました。初任者研修から始まって、二年次、三年次、四年次研修という具合に研修をしなければならなくなったのです。それが研修プランの実態であり、制度なのです。つまり、履修するように設定されたもので、終わっていなければ次年度に回されてしまいますから、この制度はまるで大学の履修制度とおなじで、研修履修制度と言っても過言ではない。五〇を過ぎたら、「後輩をどう教育するのか、そのプランを持て」ということで研修もさせられます。

つけ加えると、これまで東京では若い教師に開かれた「教師道場」なるものが作られています。これが今では、研究員制度にとって替わる制度になりつつあります。そこで修行――道場ですから修行ですね――して、学校で中間マネージメントができる教師になりなさい、つまり、主任教諭や主幹の教諭になっていきなさい、という路線を敷いていくのです。

こうして制度化されたものが教員評定と連動していくわけです。評定はABCDで行ないます。評定は自己評定をまず行なってから、校長が授業参観や面接を行ない評定します。自己申告書に自分で評定して校長に提出しますが、自分が「A」と書いても校長が「Bにしなさい」という場合もありますし、そのまま受け取っておいて、「B」と評定する場合もあるのです。また校長によっては、「Cが標準」「Bはよくできた」「Aはスペシャル」などという場合もあるようです。こんなふうに評定して、教師は校長の指示と「説得」に従って学校経営に参加していくようにできあがっているのです。

それは授業についてもあてはまります。研修自体がマニュアル化されていきますから、講師などの「やり方」がそのまま授業案に跳ね返っていく。自分で創造的に授業を構想・構成してもマニュアルどおりでなければはねつけられ、自分のやりたい授業もできないという情況が広がっているように思うのです。

そういう意味で東京での教育労働は、実務的なものになっていて、研究しながら創造的な教育実践をつくる、あるいは自分の教師としての仕事を創造していくということがなかなかできにくい情況になってきた。教育労働そのものをマニュアル化し、実務労働に替えようとしていると言わざるをえません。

道徳とお仕着せ「学校参加」を強いられる親

親にたいしても「統治としての教育」は機能しはじめています。案外、見過ごされていますが、東京では親・地域にたいして「地区道徳公開講座」というものが学校主催で開催されています。道徳の授業を公開して、その後に道徳についての講座を開くというものです。親や地域にたいして、公教育で展開している道徳とはこういうもので、親も地域も公教育、つまり国家が教育しようとしている道徳とはこういうものだから、それをしっかり理解してくれ、というメッセージを送るのですが、同時に、教師がどういう道徳の授業をやっているのか監視するという役割も見すごせません。

ですが、メインは、学校教育で道徳はこうなっているということを親に伝え、家庭でも道徳をきちんとやりましょう、ということです。これは例の「心のノート」とあわせて展開されています。「心のノート」を家に持ち帰って、子どもと親がノートを見ながら記入し、考えていくというスタイルが、すでに定着している。

言い換えれば、国家や権力的なる側が、「心」や「道徳」を家庭に注入していくシステムとして機能させようとしていると思います。

いま一つは、教育ボランティアへの参加。地域によっていろいろ違いはありますが、いまほど親を学校現場へ参加させている時代はないと思います。一見いいように見えます。しかし、親が参加するというのは、親の教育要求にもとづきながら、教師といっしょに考え、創造していく学校教育の共同実践者として参加するということで、子どものために学校を変えていくようなボランティア活動を僕らは広げていきたいと思うのですが、現状はそうではない。家庭も教育行政が負担している責任の一端を担ってもらう人的な奉仕、という側面がかなり強いように思います。学力向上運動などもそうした側面をもっていると思いますが、「生活習慣をちゃんとして」と言うのとあわせて、「家庭での学習を組織する」ということをかなりはっきりしたかたちでプログラム化し、展開しているところもあります。詳細は省きますが、「生活習慣を確立する」「家庭学習を確立する」ということを軸にして、学力向上運動が展開されているのですから、これまで以上に学校が家庭にたいしてきわめて柔らかいかたちではありますが、権力的に介入しはじめている、そう言っていいと思います。

「私」を喪失し、二重構造のなかを生きる子どもたち

子どもにたいしては、道徳と学力向上ですね。道徳は、全教科をとおして徹底しなさいというのが行政ですから、それを今度は教科として指導するようになります。学力向上ということについては、大体が反復練習と、正解にたどりつくまでの学習プログラムにもとづいて、そのための工夫を授業で展開していくのが、いま主流になっています。また、知識をとにかく積み込めるだけ積み込む。予定されたプログラムでこれだけやればいいというスタイルは、もう「自動車教習所」とおなじではないかとさえ思います。

こういうスタイルでしっかり勉強しなさいというのですから、能動的に考えたり、批判的にものごとを見ていくといった自律的に、自立的に学ぶということに頓着《とんじゃく》しない。極端に言うと、そういう子はいらない、と……。

ですから、授業そのものが自分というものを離れ、与えられたことを覚える、学習するということです

から、学びをとおして自立的に自分を立ち上げていくということができなくなっていく。いや、むしろ、授業のなかで「僕」だとか「私」という主語を立ち上げていくこと自体、「危ない」のだということを子どもたちが思い始めている。ですから、自分を主語にして授業に参加することができなくなってきた。

それでは、なにを主語にするかというと、「テキストではこうなっている」とか、「塾では……」とか、「正解は……」というふうになっていく。間違っているということに敏感になる。だから、それを言わないように注意深く授業に参加するわけです。「自分はこう考える」「自分の生活体験からすると、それはこう思う……」といった言説が、授業から消えていると思うのです。「私」がない。あるいは、自分の生活文脈を重ねて学ぶことをしないということです。

こうした「私」がない学習を展開していくと、子どもたちは沈黙するか、騒然とするかしかないでしょう。対話的に授業を展開しながら、そこで子どもと教師が学びという世界をつくり、子どもたちが構成的に関与・参加し、自分をいっそう立ち上げていくという授業は、ひじょうにまれになってきていると思います。

ですから、教室のなかの学びは子どもにとって二重構造になっているといえます。一方では、際立《きわだ》って受動的に学び、そのなかで自己を喪失させつつ、一方で、その学習で自分の進路が決定されていくという構造です。言い換えれば、階層化する子どもたちの現実そのものをそのまま受け入れ、授業をとおして棲《す》み分けていくように学習を機能させるということです。習熟度、「程度に応じたプリント学習」——個に応じたと称して展開されていますが——を取り入れ、しだいに子どもたちが学習を共同化していくというような学びの世界はどこか隅に追いやられているといった感じがします。

いま、東京が進めている学習、あるいは学力向上というものは、絶対少数の「わからない子ども」をつくりだす——そうならざるをえない。そういう子どもは、いずれ「棄民化」していくしかない。東京で実施している「学力調査」というものは、そういう意味で、子どもたちの「階層化」をいっそう進めていくだろうと思います。

東京では、学力調査は小学校の場合、五年で実施されています。都独自のものです。それを学校で分析し、その結果に対応させて次年度の教科学習の目標を修正し、個々の教師は、極端な例では、「あなたはどこまで子どもの学力を上げるか、数値目標を設定する」というようなことまでやられているようです。

学力向上が先に見たような展開がこれから続くとなると、先ほども述べましたが、子どもの階層化をいっそう進めていくことになりますから、棄民化していく少数の子どもたちを際立たせないわけにはいきません。しかも、学習すればするほど、その学びは生活から乖離《かいり》し、また自分からも乖離していくでしょうし、そうなると、学びたいことを学ぶということは、それぞれの子どもがもっている文化資本・経済的な力によって左右されていきます。そういう資本に乏しい子どもたちは、学力向上に翻弄《ほんろう》されつづけることになりますし、教育は、ますます市場化していくことになります。

また、限りなく市場化していけばいくほど、子どもたちは学びを経済の論理でしか考えなくなるでしょう。本当の学びに触れることなく、です。自分の生活を丸投げするようにして学びを受け止めるのですから……。

東京の教育は、こうして見ていきますと、子どもを豊かに育てたり、子どもの学びを育てるために機能しているとは思えないのです。そういう悲しい現状のなかにいま東京があるのだということを報告して、終わりにします。

（公立小学校教員）

なぜ新採女性教員は自死したのか　報告2

深澤　裕　*FUKAZAWA Hiroshi*

過酷な労働時間を強いられる教員たち

こんにちは。公立の小学校で教員をやっています、深澤といいます。

石原都知事になってこの八年間で、東京の現場はすごく大変になりました。気持ちのある教員は、こんな学校はイヤだよと、どんどん辞めていくわけですね。今年、小学校で一二〇〇人、中学校で四〇〇人を採用し、あと臨時採用として約二〇〇〇人が今年四月から東京の学校へ来ています。この状況がもうこの四、五年続いています。前倒しで六〇歳になるまえに辞める人が増えています。あと三、四年で――二〇〇七年問題もありますが――学校のなかはどんどん入れ替わっていくだろうと思います。

先ほど報告されたように、学校現場は教員がＡＢＣＤでランクづけされ、給与差別されています。モノを言えない。職員会議で発言できない。そういう状況のなかで、子どもたちと向かい合ってやっていかなければいけない。自由が本当にない。

いま私の職場は、新採用者が今年一人、去年三人、二年まえが二人、三年まえが三人。新採四年目までの人が九人いるんですね。大体二二、三人の職場ですから、新採四年目までの人が半分は入っている状況です。そのなかで新採者が、初任者研修で年間三〇〇時間、学校を離れなければいけない。それも官製研修だから、自分で研修したいものをやるのではない。がんじがらめに縛られながら仕事をしています。

このあいだ文科省が「あなたは何時間、残業しましたか」というアンケートを取りました。教員の毎日の仕事時間の全国平均は、一〇時間五八分です。休憩が八分。これは文科省の調べです。私の職場でも土曜日や日曜日に学校に来て仕事せざるをえない状況がありますし、そんなことで病気になる人も随分増えてきています。

学校の矛盾が新規採用者に集中する

私の勤める区の小学校で去年の六月一日、女性の新規採用教員が二か月目にして自殺するという事件が起きました。全国では、年間大体六〇人から七〇人の教員が亡くなっているそうです。新規採用者が亡くなるというのはあまり聞いたことがなかったんですが、東京では三年まえ、江戸川区で女性の新規採用教員が自殺しています。二年まえには羽村《はむら》町で、図工の新規採用教員が自殺しています。そのときはたしか埼玉県でも図工の先生が教室で首を吊って、かなりマスコミ報道になりました。

私たちが最初にその訃報を知ったとき、死因は伏せられていました。「ええっ！」とみんなビックリしたんですね。「なんで？　病気で亡くなっちゃったのかね」と。そうしたら、いろんなところから電話が

深澤裕さん

入ってきて、「自殺したみたいですよ」と。職場では緘口令《かんこうれい》がしかれていましたから、まったくなにも伝わらなかった。私たち（組合員）は教育委員会にたいして、とにかくこういうことは二度と起こしてはならないということで、初任者の負担軽減をせよ、それから新規採用者全員に個人面談のヒアリングをせよ、心のケアをちゃんとすべきである、と申し入れました。

その後、九月の新宿区議会で議員さんがその学校の自殺のことについて質問しました。そこで明らかになったことは、前年に校長が、中学校でやっているような教科担任制を導入した。それを小学校でやって研究テーマにしようとしたんですね。

でも、人的加配があるなら別ですけれども、教科担任制が小学校の単学級校でできるわけがない。教員はほとんど反対するんですが、校長は強引に決めてしまう。教育委員会もそれについて諸手《もろて》を挙げて賛成してしまった。

それでその年に、「この校長とはいっしょに仕事ができない」と異動希望を出した人が七、八人出ました。結局、六学年・六学級いたうちの四人が替わってしまう。そういうかたちで総入れ替えみたいな状況になった。その四人のなかに来た一人が亡くなったかたで、二年生に入るんです。

総入れ替えにはなったけれども、新規採用者にたいするケアがほとんどできなかった。保護者からはクレームがつく。私もいま単学級担任をやっています。四〇人、本当に教室いっぱいでやっています。三〇年の教員生活で去年はじめて経験したんですが、ものすごく大変なんですね。それを新規採用者の女性が担任していくわけですからすさまじいことです。そのうえ初任者研修がある。

五月ごろ、クラスがだんだん落ち着かなくなってきて保護者からクレームが来る。そのクレームがゴールデンウイーク明けから続いてきた。六月に学校公開が一週間あるんです。一週間、保護者が学校にいつでも来れる。そこで自分の学級が、授業中に立ち歩いたり、うまく学級ケアができないという不安も抱えていたんだと思うんです。

それからもうひとつ、私たちの調査では、その校長はパワーハラスメントがすごい校長だったんですね。その校長は教頭時代にもパワハラがものすごい人で評判だったのですが、彼女は自殺する三日まえに一度、自殺未遂を起こしているのです。自殺未遂をした前日に、やはり校長に呼ばれて指導を受けていたのです。

普通は、どんな会社に勤めても、自殺しようとか、そこまで考えないですね。イヤだから辞めてしまおうとか、会社を休んでしまおうとかすると思うんですが、やはりマジメなかただし、そのパワハラだとか保護者からのクレームだとか、いろんなところで追い詰められてしまった。そうしてこの悲劇になったと思うんですね。

こうしたことが、毎年のように東京都のいろいろなところで起きています。個人の問題ではなくて、システムの問題であると思います。これを防ぐためになにができるかというと、職場のなかでみんなで話し合えるとか、みんなでお酒を飲めるとか、仲間で仕事している、という職員関係が一番大事だろうと思うんですね。

いまの学校というのは、本当にＡＢＣＤで評定されて、賃金が査定されるわけです。あとはタコツボ状態で、モノを言えない状況です。上から来たことをそのままやっていかざるをえない状況に追い込まれている。ほかの学年の先生とかともなかなかうまく話せないなかで、孤立化していく。そういう状況が多分、全都的に広がっているんではないかと思うんですね。

孤立化して、誰に相談することもできなくて、自分から命を断ってしまう。いまの石原都政になって、学校現場がこういうふうに追い詰められています。私たちはそれをなくすために、やはりいろいろなところでつながっていかなければいけないだろうし、頑張っていこうと思っております。

（公立小学校教員）

第1部討論

司会：善元幸夫

――それでは討議に移っていきたいと思います。ご発言をお願いします。

発言者A（出版社勤務・男性）：石原都政になって学校が悪くなったのは、たしかにそうだと思うんですが、東京都の学校管理規則が変わったのは青島時代の最後ですね。悪くなる下地というのは青島時代につくられていたわけで、石原になって何がどう悪くなったのかというのを、もう少し具体的に聞かせていただいたらと思いました。

発言者B（教師・女性）：さきほど青島さんのころからその下地はあった、というお話でしたが、日の丸・君が代については随分と資料も出ていますし報道もありますのでその変容は実際にわかるんですけれども、ほかの部分で東京都が全国のなかでも教育行政の縛りがもっともきつい状態であることについて、具体的にお話しできるかたがいたら伺いたいと私も思っておりました。

福田恵一（中学校教師）：後で話をすることになっているので、あまりここではしゃべらないほうがいいと思うんですが、東京の福田と申します。

思い返してみてなにが一番大きかったかというと、いくつもあるんですが、やっぱり主幹制度です。主任の上に主幹というのが、東京で全国に先駆けて導入されます――いま横浜がまねしようとしています。うちの学校では、教務主幹、生活指導主幹、進路指導主幹と三人揃いました。

それでなにが問題か。その人たちの個人的な問題というよりも、主幹は主幹で異動してきますので、その学校のことをなにも知らない人がいきなり教務主幹になるんです。普通、これまではどんなにベテランの人でも一、二年は様子を見てから教務主任とか生活指導主任をするというのがあたりまえでした。ところが、主幹は主幹どうしで異動ですから、来ていきなり、なにもその学校の状況を知らないで教務主幹になるんです。しかも主幹は直に地教委とつながっています。都教委とではありませんが、都教委の指示を垂れ流す地教委・区教委と直につながっていますから、現場のこと――その学校の状況なんかも全然無視して、たとえば教務主幹ならば行事のことや年間の指導計画、時間割のこととかを突然ボンと出してくる。しかもそれを上から垂れ流すように出してくるのは、大変大きな変化です。

主幹制が導入されたときには、私たちはそのことに気づかなかったんです。最初は学校内で主幹が発令されますから、「教務主任が主幹になっただけだな」ぐらいに思っていたんですが、異動を始めてからこの弊害がメチャクチャに起こりはじめました。

ここ数年の大きな変化は、主幹で異動してきた人が学校を破壊すること。それと異動要綱の変更だと思います。最高が六年になりました。それまで一〇年いられたんですが、六年になりまして、三年たちますと、校長の意向などで異動になることがある。本当に教員の異動が早くなりました。「地域の学校だ」とかなんとか言いながら、とにかく地に足がつかない。私の中学校は五・五・六クラスの大きな学校ですが、毎年一〇人以上の異動が起こる。ガラガラッと教員が替わる。私はこの四月でこの学校に三年目で、教員は全部で三〇数名いますが、私より長い教員は学校のなかに三人しかいません。

ほかにもいろいろありますが、私が感じているのは、東京都が一番先行しているのはそのへんではないかと思います。

――主幹制と主任制の違いって、ご存じですか。文科省は主任制をやったけれど、東京都はそんなのは生ぬるいということで、賃金体系も変えて主幹制をつくったんですね。それがじょじょに全国化しています。都の教育庁にも現職の教員がほとんどいないといわれています。現場上がりという人がいなくて、行政間で異動しているから、現場の実情と遊離していると言われています。

発言者C（中学社会科教師・女性）：二日まえに主幹のことについてショッキングなことがありまして、いま発言しようか迷っていました。うちの学校の場合には、普通の教員であった人が主幹になった途端、調整委員会といって、昔は職員会議でいろいろなことを決めていたんですが、そのまえに校長、副校長、それから主任が集まって、すべての議題はそこへまず一回出せというようになりました。その調整委員会のなかでの各学年からの情報交換という時間に、道徳と総合と学活でなにをやるか、教科書を使うのか使わないのか、どこでやるかというのを報告しろと、いきなりその教育主幹が言いました。学校が苦しくなっていることのひとつに、そういう報告義務とか強制が大きいと思います。

道徳というのは一週間に一度、年間三五時間あるんですが、私たちはいつもそこで修学旅行の班を決めたり、道徳といいながらですが、いろいろな行事のスローガンを決めたり。でも、かたやいじめがあったり、学校のなかで授業がきちんとできないときには、授業をつぶしてでも討論会をしたり、いろんなことをやっていたんです。

そういうふうに授業時間の使い方を勝手に変えてはいけないという強制が大きくなってきたのと同時に、教務主幹は、今度は道徳も「なにをやるか言え、ときどきは見て回るから」と言いだしました。私たちは修学旅行の班を決めているのだけど、ここでは「協力という道徳をやった」というふうに言わないといけないねえ、などと言ったところです。なにか、どんどんゲリラのように、一人ひとりが工夫をしていく時代になっています。

——ゲリラのように、という話も出てきましたが（笑）。

発言者D（養護教師・男性）：簡易運営規定ができたときに、私はちょうど運営委員会、いまでいう企画調停会議の代表をやっていたんですね。あのころはまだ校長さんの裁量がかなりあって、校長さんが上に報告することで人事権も、校長さんだけではなくて現場との調整とかも、随分できていました。

それから五年たったら完全に様変わりしていて、都立高校はほとんどどこの学校も、校長さんがすべてを決定する状況になったように私は思っています。

ひとつには、七生《ななお》養護学校の事件で校長が降格させられました。校長たちはあれで怯《おび》えたというか、降格があることがはっきりしましたので、そこから完全に態度が変わったと思うんですね。いろいろな制度の導入もあるのですが、七生事件はもっとも大きいと私は思っています。

——われわれ教員は、どんなに制度が変わっても、授業で勝負といったわけですが、その授業自体で処分があったのはひじょうにショッキングな事件だったと思います。

このなかで、たとえば管理職にいた人とか、行政にいた人で、そういう側から「なぜこうなったか」を、弁明というか言い訳というわけでもないでしょうが（笑）、ご発言はないでしょうか。

発言者E（東京都職員・女性）：私は教員ではないんですが、いちおう東京都の職員で、都立高校に勤務しています。

都立高校で起きている問題にかんしては、人事評価とかいろんな要素があるんですが、いままで出てこなかった問題として、管理職自身もじつは評価されているという環境が大きいのではないかと思います。

都立学校全体がいま、大きな再編成の時期にあって、閉校・閉課程が相次いでいます。同時に新設校ラッシュで近年、新しいタイプの特色ある学校がつぎつぎオープンしています。それは教員にとっても管理職にとっても、大きな負担になっている状況があると思います。

学校ごとに特色を出さなくてはいけない――東京では私立と競合していかなくてはいけないので、エリート校であってもひじょうに競争にさらされていることが、教員側に大きなプレッシャーをかけている要因のひとつになっていると思います。

それと並行して、この閉校・閉課程で、定時制がかなり閉課程を迎えています。「学習棄民」という話がさっき出ましたが、全員がエリートになれるわけではなくて、どういうタイプの教育をしても、どうしても少数のわからない子が出てしまう。それはゆとり教育をしても、どうしても出てしまうという状況がだんだんわかってきたと思うのですが、この「学習棄民」の子はどこに行ったらいいのか。その子たちがいま切り捨てられている状況も、確実にあると思います。

発言者F（元小学校校長・男性）：神奈川の小学校の校長を一年まえまでやっていました。

神奈川には東京から「悪い風」がいっぱい入ってきました。たとえば人事評価、それから東京で言う主幹――神奈川では総括教員――が入ってきた。去年からですが、小学校には四名、中学校五名、高校六名、総括教員を置く。でも金がないから、いまは二名だけ置くことになっています。

それから管理職のボーナスの査定。校長・教頭のボーナスの一部を、いい校長に持ってくる。ただ「いい、悪い」といっても、委員会のために生きているわけじゃないんだから、「片目をつぶって、一番年寄りに一番いいのをやっておけ」というようなことでいまは通っていますけれども。

それから、だんだん学校がお役所化しています。たとえば、夏休みは教員にとってはひじょうにすばらしい時間なんですが、八時半に打ち合わせをやる。子どももいないし、なんでそんなことをやるんだと。神奈川の高校は、長洲《ながす》県政（一九七五―九五）のときに百校計画でいっぱい作りました。でも子どもが少なくなって、いま統廃合が進められています。二つの高校を一校にするなかで、単位制高校を総合高校にするなどで、環境講座などユニークなものを作れる可能性もある。これはひとつテコになるかなとは思っていますけれども。逆風のなかで、いかにしたたかに、しなやかにやるか。それがカギだと思います。

――なぜこういう状況になったかということで、竹内先生にもう少し分析をいただきたいと思いますが。

竹内常一：先ほど東京都の教育はいつごろからこうなったのかという話がありましたが、僕はいまの変わり方というのは、いままでとは大変違った内容を持っていると思うんですね。

やはり日本の教師というのは、歴史的に、教室のなかではかなり裁量権をもっていた教師なんですね。小学校の教師というのは、授業もやれば掃除もする、お金集めまでする、一切をやっていくような教員だったと思うんです。

その裁量権がつぎつぎと上部に奪われている。だから指導案を書けというのは、「お前が勝手に授業をやってはいけないよ、報告しない限りはやってはいけないよ、だから報告書を出せ」ということ。それはホワイトカラー労組に対する攻撃と同じだと僕は思っています。そのように教師の裁量権がどんどん上へ吸い上げられるのにかわって、逆に教師の仕事が標準化されたマニュアルで行なわれていく構造になっていると思うんですね。

そのことと結びついて、じつはいまはあまり問題になっていませんが、時間管理が徹底的にやられていますね。以前は、そんなにタイムテーブル、授業時数にいまほどうるさくなかったのではないか。だから教師たちが、自分のカリキュラムに沿って授業をつくっていくことができたと思うんです。

私の住んでいる調布では、年に時間割が七回も変わる学校があるといいます。それを聞いたお母さんたちがあっけにとられて、「それじゃ忘れ物をするのはあたりまえだわ」（笑）。「そんななかで、先生たちよく授業やってられるわね」と。しかも中学校の教員は、たとえば国語だと、必修の国語をやって選択の国語をやって、選択が二学年にわたっていたら、もうひとつやって。道徳の指導プランも出さんといけない。それにプラスアルファで、キャリア研修だとか、職場体験だとか総合学習をやらないといかん。中学校だと、かつては一教科あるいは一教科プラス学級活動だけをしていればよかった教員が、数教科プラスなにやかやをやらんといかんという時代になって、それがものすごく中学校の教員を苦しめていると思うんです。同じことは小学校でも起こっていると思う。

私たちの運動のなかでも、タイムテーブル闘争というのはあまりやってこなかったんですね。タイムテーブルのなかで、やや長時間の単元で授業をやりぬくというようなことをかなりやってきた人たちが多かったと思うし、私たちはその重要さを立証してきたと思うんです。

だから教育をどうつくる、授業をどうつくっていくかという問題ですね。それで私たちが、どれだけ自由裁量のできる時間を獲得していくのか。これなしには、教育労働は教育の自由にもとづいたものにならないのではないでしょうか。

――『モモ』の時間泥棒ではないんですが、時間が管理されて、それはいいことだと思われている状況があるのかなという気がするんですが。

発言者G（中学校教師・男性）：いま、「学校が忙しくなった」というのをとても聞きます。私は教員二一年目に入ったところですが、週五日制になって、六日間の内容が五日間に押し込められたところから本当に忙しくなったと思います。

私は民間教育運動では全生研の活動をしていますが、全生研も、その東京支部も、会員がどんどん減っています。学校が忙しくて疲れてしまって、ほかの活動ができないんですね。私が教員になったころは、平日の夜六時とか七時とかに地域のサークルを月一回とか平気でやっていたんですが、いまは若い人も研修、研修で追いまくられていますから、平日の夜にさらにそういう活動をするという余力がない。そういう多忙化――まあ、それはむこうは政策的にやっているんでしょうけれども、それが効いているのを最近思います。

発言者H（保護者・女性）：私は品川区から来ている保護者です。息子は今度中学二年生ですが、息子が小学一年のときに品川では学校選択制が始まりました。私は親が学校を選択できるほうがいいと思っていますが、ちょっと品川区の状況を話してみます。

品川では、小学校と中学校を一つの建物に入れて、小中一貫校にするための建て替えが行なわれています。B中学もB小学といっしょになって建て替えられるという噂は聞こえていたのですが、それはそれとして、A中学を希望した親子、B中学を希望した親子、それぞれがいたわけです。

ところが、みんなの選択が終わって、制服やジャージの注文もし終わった後の説明会のときに、「今度A中学に、建て替え中のB中学の子たちが来ます」という説明があって、親たちはびっくりしました。親たちが学校を選択するのは、たとえば学力で選ぶというよりも、「小学校のときいじめられたから、あの子とは一緒になりたくない」とか、部活の関係とかで選ばれるかたも多いんですね。それで、あえてA中を選んだのに、また今度B中の子たちが来て一緒に勉強するという事態が起こるんじゃ、全然選択制じゃないし、説明責任もないじゃないか、ということで、親たちはすごく怒っています。学校選択制というようなことをいろいろうたっていても、そういうすごくいい加減なかたちで投げ捨てている状況が、いま品川区のなかでは起きているということなんです。

あともうひとつ、私はいま中学校のPTAの役員もしているのですが、親たちからすると、先生たちってすごく忙しいよね、すぐ異動するよね、と。私の子どもは軽度の発達障害なので、特別支援教育のことで入学前に中学に行って教頭先生といろいろお話をして、すごくよく対応してくださったのに、入学したらその教頭先生はいなかった。もう全取っ替えで、校長、教頭、いろんな先生が替わっているんです。

やっぱり、忙しいからなにか言いにいってもちょっとお話ししづらいし、コロコロ替わると人間関係ができなくて困る。でも、先ほどから言われている先生たちへのいろいろな管理システムのことなんて、親は全然知らないです。

親として知りたいのは、これだけの管理システムが、授業にどうかかわりがあるのか。「ただ先生が一方的にしゃべってつまらない、つまらない授業時間を過ごしている」というのは、子どもから聞くんです。やっぱり子どもにいい授業をやるためには、この管理システムはとても問題なんだということになれば、親たちは怒ると思う。いまの親はけっこう、いい意味でも悪い意味でもいろいろなことを言いますので。だから授業とどうかかわりあうかということを聞かせていただきたいのと、誰に聞けばしゃべってくれるのか（笑）。公務員って、いろいろな義務がありますでしょ。しゃべっちゃいけないとか。そういうことで、先生たちが親たちにしゃべれないのか、それとも親を信用していないからしゃべらないのか、しゃべった後に自分がどうなるかわからないからしゃべらないのか、ぜひ教えていただきたいです。

発言者Ｉ（**保護者・女性**）**：**昔よりずっと教員と保護者が分断されている感じがするんですね。言葉は悪いんですけど、私も保護者の側にいることもあって、保護者の教員攻撃みたいなものに巻き込まれそうになることもあり、また教員として保護者の攻撃を受けるほうになったりもするんですが。まるでユーゴスラビアの民族紛争みたいな、ほとんど悪意が先行していて――敵が見えないからかもわからないんですけど――大事な子どもを一緒にどうしようというより、感情的に、どこかに悪意的な操作があるようにしか思えない複雑な対立が起こることがあります。どうしてこんなことになるのでしょう……。

発言者J（千葉県・市民・男性）：ＰＴＡのＰ側の役員を七年間やってきたなかでつくづく感じたのは、私はビジネスマンなんですが、相手のことをよく知らないとビジネスはなかなか成立しないということ。しかも自分だけ儲けようとすると、長続きしない。つまり情報公開と説明責任は、いまやすべてのことに求められています。ですから、保護者は教員のことをよく知らなければいけないし、教員のほうも積極的に自分の置かれている状態を身近な親に説明していかないと、どこに仲間がいるのかもさっぱりわからないだろうと思うんです。

そこで、Ｐ側としてＴのことを調べてみたら、小中学校の義務教育教員は六七万人しかいないんですね。そして平均年齢を調べると四三歳。それで小学校に限っていえば、先生の八割が女性です。女性で四三歳だったら、スポーツはできない、最近はパソコンもだんだん上手になったけど、ものづくりなんかとてもじゃないけどできないだろう。つまりできないことが山ほどあるのが教師だというのがわかる。では、そういう人とどういうところで協働できるか。ですからこれはマーケティングというのですが、相手のことをよく知る、知らないと始まらない、そう感じます。

発言者K（元教師・女性）：千葉県で高校の教師をやっておりました。苦しいところばかりで保護者と連携せずに、もっと楽しいところでも連携したりだとか、あと自分のクラスのなかの保護者と楽しいことからつながる、そういう可能性もあるのではないかと思っています。

――これで一部の質疑・発言を終わりにしたいと思います。いま東京でなにが起こっているかということは、短い時間でしたけれども、かなりわかってきたかと思います。わからないのは、では「このねらいはなんだろうか」ということです。それらを整理していただくという意味で、佐藤学さんに締めくくりのコメントをお願いします。

まず、「教師を守れ」から始めよう

佐藤 学 *SATOH Manabu*

憲法改正前に、憲法改正後の日本をつくってしまった

とても貴重な会だったなと、皆さんの発言を伺いながら思いました。全体の整理はとても不可能なんですが、もう一回、教育基本法の改正問題といまここで話された問題との関係、そしていま私たちはどんな状況を生きているのかという状況への認識が大切だろうな、と思います。

教育基本法改正問題についていろいろと言いたいことはあるのですが、改正によって基本的に僕は「ルビコン川を渡った」と言っています。基本法改正案が中教審から出た日、私たちは記者会見をしました。岩波の雑誌『世界』の著者グループで、改正を支持しない者のネットワークをつくろうということで、その発起人の一人だったものですから。

ところが、記者会見が始まらないんですね。イラク戦争があってブッシュ（米大統領）が突然、先制攻撃をやった日だったんです。それで待たされていると、その日すぐに小泉首相が「ブッシュに協力する」

と表明した。ブレア（英首相）についで二人目でした。

日本にいるとわからないんですが、世界を回ったり、CNNのニュースを見ますと、中東関係のニュースは全部、ブッシュ、ブレア、小泉と顔が並びます。あの戦争は、この三人で行なったんですね。

これは歴代首相とくらべると、まったく違うことをやっているわけです。憲法改正と言いながら、歴代首相ほど憲法九条の恩恵にあずかった人たちはいない。ところが小泉首相は憲法改正前に、もう既にルビコン川を渡ってしまった。こういう政治情況が二〇〇一年から始まった。

こうした情況が準備されてきたのは、やはり阪神淡路大震災（一九九五年）だと僕は思います。あの年にはオウム事件が起こっています。つづいて起こったのが、酒鬼薔薇《さかきばら》事件でした。

あの時代になにが起こっていたかというと、集団ヒステリーです。さまざまな不安要素にたいして、日本の社会全体が「耐える力」を失ってしまった。それがメディアを媒介にして、一挙にヒステリー状態となる。たった一人の子どもの自殺が、国会審議を動かしてしまう。だけど子どもは、もっともっと自殺しているのです。その声は九九パーセント消され、ある突出したものだけがクローズ・アップされて集団ヒステリーが起こる。その集団ヒステリーで社会が動いている。拉致問題もそうですよ。

そのひとつの転換点が阪神淡路大震災で準備され、そして小泉がルビコン川を渡ってしまったわけですね。憲法改正前にもう憲法改正後の日本をつくってしまった。

教育基本法改正がなんだったのかというと、憲法改正ができないものですから、それをやらないまま憲法改正後の日本を一挙につくろうとしたのが教育基本法改正です。なぜ基本法を改正しなきゃいけないかなんて、どうやったって説明はつかない。「これで日本人は敗戦ショックから救われる」って。バカなことを言うなと思います。僕は全国の学校を回っていますが、敗戦ショックで悩んでいる子どもなんて、一

佐藤学さん

人も会ったことありません（笑）。敗戦ショックを引きずっているのはお前だろう――そうなんです、彼らなんです。戦後民主主義にたいしてトラウマになっている人たちがいるんですよ。そのルサンチマンを集団ヒステリーのなかでウワーッとつくりだしている。

改正基本法、それは新しい管理社会への移行

そういう状況を見たときに、教育について三つほどおさえておく必要がある。

第一は、まさに基本法問題なんですが、日本の社会が新しい管理社会に移行しているということです。心の管理社会といってもいい。

つまり基本法問題の本質が特別委員会でほとんど議論されていません。ところが、衆議院の特別委員会で一か所だけ盛り上がったところがあるんです。与党質問なんですが、教育基本法はさまざまな徳目を掲げているが、立憲主義など近代法の原理とはどう折り合いをつけるんですか、と。本質的な問いです。というのは、教育勅語でさえ井上毅《こわし》は立憲主義を守るために、国家が内面に直接介入しない装置を工夫しました。勅語というのは、勅令、勅諭、勅語と、拘束力では一番下ですからね。

ところが今回の基本法改正は、国会で誰もそういうことを議論しない。つまり近代法以前の法感覚です。国家が国民の内面を権力でコントロールすることが行なわれようとしたときに、なんと与党からそれ

についての質問が出された。

その回答がふるっていましてね、「西洋社会は社会契約によって近代国家を形成したけれども、日本における国家は自然の契約なので、社会契約は成り立たない」と言うんです（笑）。まるでゾンビの登場です。多数派じゃないでしょうが、こういうロジックのもとに心の管理社会が生まれていくことをつくづく感じるんです。

ドゥルーズという人が、フーコーの権力論について晩年に書いた一節を思い出します。フーコーは一望監視システムとディシプリン（discipline：規律）による権力ということを言いました。ドゥルーズは、「もはや現在は、その先を行っている」と言うんです。その先に行った権力というのは、ハイウェイを自由に走りながら、じつはハイウェイしか走っていない、こういう感じなんだと言うんですね。ドゥルーズは自殺するまえにそう言っています。つまり内面の管理。自分自身の身体を管理されること自体を管理と思わないような管理、自由と感じてしまうような管理です。

こういう状況に私たちは突入しているということが、今回の基本法改正の、一連の徳目を貫いている要諦です。これは新しい管理の方法です。

先ほど保護者の教育ボランティアがいっぱい学校に来ている報告がありました。とりわけ東京は、親が学校にいっぱいいます。でも全部、パトロールなんです。これはひじょうに象徴的で、いわば「一望監視システム」だったものが「一同監視システム」になっている。みんなで一同に監視して、ちょっと見ないやつがいると「おお！　あそこにヘンなやつが動いています」と。だから内発的管理による全体主義がつくられ、包摂と排除のポリティクスが働いているんですね。

ある政治学の雑誌でこういうものを読んだことがあります。

「かつての労働者は、まだよかった。それは搾取されたけど、人間として認められていた。いま排除されている人たちは、人としてさえ認められていない。動物同然の扱いを受けている」

日の丸・君が代の勝負も、今回のいじめの解決法とかも、あるラインを引いて、それ以上はパンと排除していくというような社会がつくられている。本当に怖い社会なんだけど、なかにいるとさっきの「ハイウェイを自由に」ではないですが、俺はもっとスピード出せるぞぐらいの感覚を味わえるわけですね。それが「勝ち組」の人たちです。

なぜ数値目標がこれほどはびこるか

こうした情況のなかで一番問題になってくるのは、教師の位置だと思うんです。

教師の位置は、二つの点で大きく変わったと僕は思います。

ひとつは、これまで教師は責任を問われたのですが、いつの間にかサービスを問われるようになった。親との関係が、責任の共有から、サービスの提供者とサービスの受け手に変わってきた。これが新自由主義です。さっきの自殺した新任の先生は、授業の計画表を親に出させられているんです。親が授業計画をチェックする。これは明らかにサービスの受け手とその評価者の関係に転換します。そうすると子どもの状況が悪化すればするほど、「教師はなにをやっているんだ」「うちの先生はどうもおかしい」となる。

一〇年まえに文科省は、教師を支える立場から親を支える立場に明らかに回りました。その支えを失ったなかで、学校は当然、混沌とし、内なる管理がどんどん過剰になっていきます。

私が関っている学校は、率直にいって、職員会議しか会議はやりません。月に一回だけ、雑務一切なし、書類も一切ない。そういう学校は、できないわけじゃないです。でも、これは相当闘わないとできない。できないところに教師がどんどん追い込まれていく。

教師の仕事って、いわばジャグリングです。二つも三つも仕事を回しているんです。教室でも、職員室でもそうだし、地域まで行ってもそう。みんな三つも四つも手いっぱい回している。いままでの教師だと、いまはこっちの玉を回してあっちの玉はしばらく置いておいて、ということができた。ところが現在は、なにもかも全部回さないとどう言われるかわからない。いつも目が光っているという管理状況のなかに置かれ、しかも外からは「これも遅い、あれも遅い」「もう一つ回せ、もう一つ回せ」と言われる情況に投げ込まれているわけです。

ここでビジョンを持ち責任を負う校長があると、学校の様子が全然変わってきます。外だけにいい顔してきて、内へは「さあやれ」という校長だと、教師はみんな潰れる。だって四つしか回せないのに五つ回せと言われたら、全部落とします。しかし、結果管理、数値管理が横行しています。なんで数字ばっかり出すんでしょう。いま、日本中の学校は牛丼チェーンのように「営業報告を出せ」とやっています。数値目標による管理は学校が機能していないとき、潰れているときには有効です。だけど、機能しているときに数値目標を出すと、学校を逆に潰すんですよ。

なぜこれがはびこっているのか。この方式は一九一〇年代と同じようなやり方なんですね。計画させて、調査して、成果を数値で表して、と。ゾンビのように、またこれが再開されている。ただ、一九一〇年代に行なわれた科学的教育行政コントロールと現在とは、手口は一緒ですが、機能は全然違います。

かつては合理化・効率化だったわけですね。これにはそれなりの正当性があった。では現在、なぜ学力テストがはびこるのか。僕は本気で学力を伸ばそうと思っているとは思いません。最大の理由は、人が信頼できなくなったので、数値しか信頼できなくなっているからです。その教師がすばらしい教師なのかどうかは、見ればわかる。それを全部数値を出さないと信じない。この査定社会は、人間観の貧困から生じている現象だと思いますね。

だから、学力に代わる、テストに代わる信頼をおたがいが築く。つまり、信頼を巡る闘いをしようと言いたいんです。われわれは信頼を巡る闘いをつくらなければいけない。親との関係においても、また教師間においても。これが崩壊している限り泥沼化し、おたがいが殺し合いになっていくでしょう。

親子の貧困と崩壊を引き受ける教師たち

それからもう一点、重要な問題は、やはりこれに子どもと親の崩壊が伴っていることです。この一〇年間に、東京都内のいわゆる要保護・準要保護家庭の比率はなんと三倍伸びています。このまいくと四、五倍になります。東京都は戦後、八パーセントを超えないで来ていたのですが、いま二八パーセント、来年早々、三〇パーセントを超えるでしょう。東京都は、要保護・準要保護家庭の比率が大阪とほぼ並びました。これはアメリカより高い。圧倒的な貧困層があり、それが教師が意識するよりもはるかに早いスピードで増えているんです。

子どもたちの家庭の崩壊、それから子どもたちの経済的・文化的・社会的混乱を、いまのところは教師が全部、引き受けています。引き受ければ引き受けるほど、いまの改革の表舞台からは遠のいてしまう。見えない、シャドー・ワークになっているんです。

だからどの学校に行っても、そういうことを必死で支えている先生というのは、見えないですよ。いまの校務文書とかそういうドキュメントにも現れないし、校長先生にも見えない。でも、教師は善意でこれを引き受ける。教育は、引き受けるところからしかスタートできないんです。

いま、教育を引き受けるとなると、僕ら大学の研究でもそうですが、すごいしんどいです。教育なんて引き受けないで、研究だけやりたいですよ。しかし、それでは教育学になりません。でも、学者の間に教育からの逃走が起こっています。

同時に、もっとも教師で傷ついている人、病んでいる人、追い込まれている人は、じつは教育の現実、子どもの現実を引き受けている人です。その向こうには子どもたちの声があり、またこの社会混乱のなかで喘《あえ》いでいる親の声もあるわけですね。年収が四〇〇万円以下、特に三〇〇万円以下だともっとはっきりするんですが、そういう世帯で子どもの教育費が、いま家計の何パーセントかかっていると思いますか。去年は、六〇パーセントを超えたんです。つまり食うや食わずのなかにあって、親たちは六〇パーセントを教育費に捻出している。すごいでしょ。こんなの、もつわけがない。だから小学校四、五年で親が投げちゃう。これが子どもたちの学びからの逃走の地盤です。

貧しければ貧しいほど、子どもの未来を考えて必死で教育をやろうとする。しかし、それは挫折していく。大量の親たちが挫折し、子どももまた挫折していく。そういうシナリオが、回り出している。

だからこの問題をどう全体として考えるかといったときに、結論ですが、この情況自体が教育基本法がつくり出した事態だということがひとつです。ルビコン川は、まだみんな渡っていません。少なくとも現場は渡っていません。都道府県教委は、渡りました。市町村教委は、まだ渡っていません。ただし東京の区教委はかなり渡ってしまった。でも、現場の教師はほとんど渡っていないでしょう。ですから、渡った連中はみんな沈めてやろう、こっちのほうが確かだぞ、という腹構えでやらなければいけない。

それから、やはり信頼の回復ですね。これが伴わない闘いはこれからすべて苦しい。闘うことの最大の目的は信頼の形成だと言っていいぐらい闘い方を工夫していく必要がある。信頼と連帯といってもいいでしょうか。

それから最後のキーワードは、「粛々と」です。こういう時代こそ、粛々と授業をつくり、学びをつくる教師の実践が、じつは一番強い闘いの基盤になる。いったん子どもの現実、授業の仕事から離れた教育は、簡単に流されてしまいます。校長であれば、やはり学校らしい学校をつくる。教師なら、教師らしい仕事をする——粛々と。大きい声を挙げず、丁寧につくっていく。でも、これは一人ではできませんから、支えあいのネットワークをつくりあげていく静かな闘いをすることが必要なのではないでしょうか。

最後になりますが、スローガンは「教師を守れ、若者を守れ、子どもを守れ」。逆じゃありません、まず教師を守らないと。若者を守れというのは、過去一〇年間に若年労働市場の九割が消えましたからね。この社会をどうしてくれるんだ。若者が希望を持てる社会をつくれ、と。

「教師を守れ、若者を守れ、子どもたちを守れ」というのを、ネットワークの合言葉にしたいと思います。

（東京大学大学院）

——ありがとうございました。ひじょうに安心する言葉を聞きました。「教師を守れ」、それから「若者を守れ、子どもを守れ」。しかもわれわれがしたたかに、粛々とやろうじゃないか、信頼性の回復の闘いをしようじゃないか。結局、正解はシンプルですね。そういうところから始めていこうということで、一部を終わりたいと思います。

当日会場でのアンケートから (1)

●鈴木先生の発題にあった「自動車教習所」は秀逸で、決められた目的の達成を効率的に目指す、一人称を喪失した子どもの学びだけでなく、従順な子どもに思うままに教えたいという教師の潜在的な欲望も示唆しているのではないかと思った。この欲望が現行の改革を押し進める駆動力の一つとなっているのではなかろうか。

●教育バッシングを行なう一方で、カリスマ教師を作り上げるなど、教育をいたずらに社会問題化させることで、マスメディアは「教育基本法改正やむなし」という雰囲気を広げてしまっていて、正常なジャーナリズム精神はどこにもない状況です。(メディア関係者)

●昔は自由に授業ができましたが、やはりここ数年、時数や週案の提出で中身をチェックされるので苦しいです。でも、そんななか、工夫しながら少しずつ授業を進めていくと、やはり子どもたちは学ぶ楽しさを感じてくれます。「知りたいことがとどんどん出てきてワクワクしちゃう!」という子どものことばを聞くと、これからもそんな世界を広げていきたいと思っています。

●参加して、自分の実践がまちがっていないと思ったのでよかったと思います。困難は多いですが、学びながら柔軟に対応できるよう努力していきたいと思います。

●今日ここに来て、したたかにしなやかに実践することがいまは必要だと思いました。市民の人たちと手を結び、自分がやれることをがんばることも必要なんだと思いました。相手を知ること、信頼を回復することなど、そんなに難しいことではないが、しかし難しいのだとも感じています。

第2部

授業づくり・学校づくりの現在と未来

――実践報告をもちよって

授業メモ

京王線と日本の近代化 実践報告1

福田恵一 FUKUDA Kebichi

不思議な、不思議な、京王電車

調布三中の福田恵一です。

私は調布に赴任してまだ二年目なんですが、調布というのは京王線の町で、京王線しか通っていない。それで京王線の授業をこの二月にやりました。

生徒にまず、「京王線というのは、ちょっと変わった電車なんだぞ」という話をします。どう変わっているかというと、皆さんよくご存じのとおり、日本の最初の鉄道は新橋・横浜間に一八七二(明治五)年に敷かれました。その後も産業革命にとって鉄道が不可欠だということで、国が全部お金を出したわけではありませんが、どんどん国がバックアップして鉄道を敷いていく。そして一九〇六年に鉄道国有化法案が通るのですが、全国に鉄道ネットワークが作られるときに、国有化を前提に最初に敷かれた鉄道のゲージ(レール幅)が共有されるのです。

これはちょっとマニアックな話になりますが、レール幅が一四三五ミリのものを世界標準軌と言い、イギリスでつくられた幅なんですが、日本はなぜかよくわかっていないんですが、一〇六七ミリという幅の狭いゲージで、最初の新橋・横浜間を敷くんですね。それが踏襲されていって、現在のJRは全部一〇六七ミリで敷かれています。これでは大量輸送や高速化に耐えられないので、戦前にも何回か世界標準軌に敷きかえようという計画が起こり、弾丸列車計画などは世界標準軌でやろうとするのですが、実現しませんでした。実現したのは、日本が植民地でつくった鉄道においてです。朝鮮半島と満鉄は、一四三五ミリで敷きます。ロシアが敷いた東清鉄道はまた別の一六二〇ミリという規格で敷かれていますが、ゲージの闘いというのが世界ではあるのです。

そんな話をずっとしておいて、では京王線はどんなゲージで敷かれているかと質問します。と、これが変わった鉄道でして、一三七二ミリという日本でもきわめて珍しいゲージで走っている鉄道なんですね。

そこで、ちょっと生徒には難しいんですが、なんで京王線だけそんなゲージになったんだろうという質問をします。どなたかおわかりになりますか？　この一三七二ミリというゲージは、明治の終わりぐらいに鉄道を補完する都市の鉄道としていわゆるチンチン電車が走り始めますが、東京市電（のちの都電）の規格なんです。これは最初の鉄道馬車がこのゲージで敷かれたからだそうです。

京王線は一九一三（大正二）年に敷かれますが、そのときにはもう新宿が中央線と山手線のターミナルになっていました。一九〇三年、明治の終わりには、市電が新宿まで来ている。そこで京王線は、その市電と乗り入れようとするんですね。そのときに、こんな写真（49ページ上）を見せるんです。「ほら、チンチン電車だろう」って。これは開業当時の調布駅の写真です。

京王線のお客さん増加アイデアとは？

京王線は市電との接続のために一三七二ミリで敷いた。そうすると官鉄ネットワークに入れない、つまり国有化されないわけですね。そこで京王線はずっと民鉄、私鉄なわけですから、なんとか頑張って自分で客を増やさないと儲からない。では、客を増やすためになにをしたと思いますか？　沿線は田舎ですから、田舎と新宿を結んだのはいいけれども、お客が増えない。客が増えないと経営が成り立たないから、頑張ってなにかをしなければならない。なにをしますか？　そんなに難しくない、これは生徒でも出ますよ（笑）。

――住宅？

そうですね、住宅。ところが調布は田舎で、別荘地ぐらいしか売れないんです。でも、それはいいセン。もう少しいいセンないですか。

――デパート？

そうです。そういうときに、こういう写真（49ページ下）を用意するんですね。京王だけではないですが、私鉄はターミナルデパートをつくるんです。これは今の新宿三丁目あたりにあった新宿松屋デパート――いまの松屋とは関係ないそうですが、この一階から電車を出す。それで、郊外から来た客はすぐに買い物ができる。

こうやって質問を重ねながらやっていくところですが、きょうは時間がありませんから、では、この写真はわかりますか？　調布にテーマパークをつくったんです。いまは京王閣競輪だけが残っているんです

調布市郷土博物館提供（左）

が、京王閣という一大レジャーランド――大きなお風呂があって、プールがあって、映画館があって、劇場があって、メリーゴーランドがあって――そういう施設をつくって客を増やそうとする。これはみんな一九二七年ぐらい、昭和の初期に京王がやったことです。

福田恵一さん

それから、国鉄は蒸気機関車で始まりますが、京王は電車ですから、電気を売るという仕事もするんです。調布の博物館には、京王が最初に貸し出した貸し電球が一個だけ残っています。

僕は社会科の教師で、教科書には大正から昭和にかけて「文化の大衆化」というテーマで、ラジオが登場したとか、みんなが映画を見に行くようになったという話があるのですが、じつは調布ではテーマパークに行くとか、百貨店で買い物をするとか、家庭に電気がつくということが、この京王線から拡がっていったんだよ、と――これを一時間の授業でやりました。きょうはそれをもち時間の一〇分で話しました(笑)。

異動速度が早く、地域とつながれない

私はこの授業案を、あえて「授業メモ」というかたちで出しました。教員のかたはご存じだと思いますが、各市区町村に半分官製の市教研とか区教研というのがあります。調布には調中研というのがあって、その調中研の公開授業としてこれをやりました。

本来、このような研究授業は「授業案」と書いてもいいんですが、私は「授業案」としなかった。なぜかといいますと、「授業案」と書くと、最近このままでは通らないんです。なぜ通らないかというと、最後にやたら観点別評価はどうするんですかと聞かれるんです――この授業でどうやって関心・意欲・態度やら、資料を読み取る力やらを測るんだと思いますが。かならず、それはどうなっているのと聞くんですね。そんなつまらないところでケンカをしてもおもしろくないので、私は最初から「授業案」なんてつけないで、「メモだよ」と言って出したわけです。

ですが、実際には話題にもなりませんでした。私の授業は二年間連続、公開授業をやっていますが、指導主事が社会科の人でも、見に来たことはないですね。見に来たら楽しいなと思っているんですけど、見に来てくれません。

逆に言うと、かつてはある程度授業をやっていると市教委もそれなりに、「あいつはいろいろ文句も言うけれど、授業をやっているやつだ」と認めてくれるところがあったんですが、ここ一〇年ぐらいガラッと様変わりして、ちょっとでも逆らったりすると、もうそういう官製の研修会では市民権は――調中研はまだ半官で自主的な部分がありますが、本当の官製の研修会などでは市民権が得られません。かつては授業をやっていれば、教頭会の講師とかにも呼ばれたこともあるんですが、そういうことはもう絶対ないですね。そういう様変わりをしているということがひとつ。だから僕はこれをあえて「授業メモ」にしたということです。

それと、先ほど申しましたが、こういう授業をつくるためには、やはり地域を歩かなければいけません。たとえば先ほどのこの二つの写真は、郷土博物館に行ってコピーさせてもらいました。郷土博物館はいろいろなものを持っていまして、これなんかは当時の昭和初期の沿線案内図です。そういうところを足で稼ぎながらこちらが見つけていって、「ああ、これは授業になる」と思って授業をつくるわけです。

でも、とにかくいまは異動の回転が早められていて、六年までしかいられない。かつて私は羽村市で二校、一六年間いたので、そうすると地域にネットワークがいくらでもできるのですが、調布に来て二年です。羽村で一六年でつくったようなネットワークを、調布でどうやって一年でつくるかということが勝負になってきている。

そしてもう来年――私は三年目ですが――を過ぎれば、校長の一言でポンと出されて、また次の隣の市とか、どこかへ行ってしまう可能性がある。それで一年でまたこういう授業をつくれるかという勝負をしなければならない、というのがいまの状況です。

（公立中学校教員）

ドッジボールからキャッチボールへ 実践報告2

金子 奨
KANEKO Susumu

異質を排除したあとの「われわれ」

埼玉の公立高校の、社会科の教師の金子といいます。

今日はこの三月まで三年間勤めた学校での実践について、ちょっとお話をさせていただきます。

教育基本法が改訂されたわけですが、僕が二つ注目したのは、やはり主語が変わったということです。旧教育基本法は、We Japanese People、「われら」というふうに始まっていたわけですけれども、それが改訂法はWe Japanese Nationに変えられてしまっているというところが、やはり一番大きいだろう。つまり、前の教育基本法は日本という地域に住む人びとが多様性と差異を前提として社会をつくっていく、その土台となるのが教育であるということを遠く望んでいたわけですね。ところが、We Japanese Nation、つまり「われわれ日本国民は」と言うことによって、国民という同一性、あるいは均一性に人びとを囲い込んで、nationとして、国民として、あるいは集合とか集団とか全体というかたちで表象され、想像されるよ

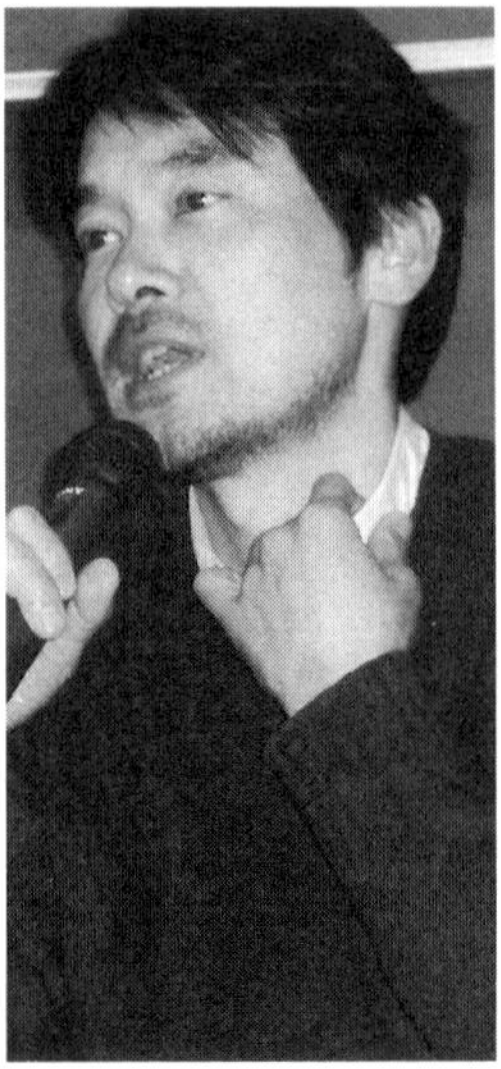

金子奨さん

うなかたちで教育が構想されているのだと思います。

そういう「われわれ」という同一性をつくるために、第一部でも出ていましたが、異質な他者は排除していくことが行なわれようとしているのではないだろうか。ボランティアというのは、原義は志願兵ですから、志願兵にならない者をあぶりだしながら、「われわれ」をつくっていくということが目論《もくろ》まれているだろう、と。

それからもうひとつは、前の教育基本法は、僕ら教師は目のまえの子どもたちに直接責任を負う存在として規定されていたわけです。それで子どもの存在に応答しつつ、現場で判断を重ねつつ、責任を負っていく。そういうresponsibilityが強く求められていた。

ところが新しい法律では、法律に従え、あるいは上司の命令に従え、予算の執行を効率よく適正に行なう役人にしていこう、という動きがひじょうに強まっている。それは言うならばresponsibility、応答責任から、accountability、説明責任へというふうに考えられると思うんですが、それを法律として制定してしまった。つまりわれわれ教員は、教員ではなくて、役人に変わってきているということが言えるのではないか。

ただしそのaccountabilityにかんして言えば、昨年以前からずっと現場では強調されていて、官僚化が深く進行していることは事実だったんですね。佐藤学さんが以前からおっしゃっていますけれども、高校でもこの五年ぐらい、説明責任、アカウンタビリティがひじょうに強調される。

笑えない話なんですが、去年、埼玉県も目標管理が導入されて、僕は生徒会のチーフだったんですが、「数値目標を出せ」と言うんですね。「生徒会でどうやって数値目標なんて出すんですか、出せません」と僕が言ったら、「生徒会新聞を出しているだろう」と。「一〇回出せ」と言われて、まあそうしたんですけれども。新聞というのは必要があって子どもたちが出すわけで、「何回やる」という目標があってつくられるものでもないのに、校長の成績を上げるために数値目標化しろ、と。それをクリアできなければ、僕の評価はCになったりするわけです。ですから僕は子どもたちに、「お前ら、一〇回出さないと俺がダメを食うから、一〇回出してくれ」——そういう事態が進行しているわけです。

教室をコの字型に変えた

ただ、法律が改訂されても、現場で元の教育基本法の精神を生かすことは十分可能だと思うので、三年間、笑顔と学びのある教室の実現を目指して、ちょっと苦しかったんですけど、やってみました。

僕は、(こんなふうに)皆さんと対面するかたちでのかかわりあいの薄い授業はもうやめにして、教室をコの字型に配置換えをして授業をしました。これは佐藤さんが中心となってやっている、学びの共同体をつくりだすのとかかわるのですけれども。机をコの字型の配置にして、子どもたちのまなざしと声が交錯する、そんなふうに授業を変えてきました。

高校二年生の子どもの授業評価を紹介します。彼女はコの字型にすることによって、「みんなの顔がよく見えて、話すと声が飛び交う感じでシェアしあえる」、あるいは「私は常にみんなの意見に、ああ！と感心したり、驚いたり、時には笑ったりしました。このように『声』で学んだことは忘れません」なんていうことを書いてくるんですね。「声」で学ぶ授業というのは、なかなかいいなと思ったんですが、こういうふうに教室を変えることによって、ほかの子どもの言葉だと、「みなが違うことを考えていることがわかったときの安心がひとしおだった」とか、あるいは「自分の考えが間違っているんじゃないかという不安がない」という声があるんですね。

子どもたちは、こういうかたち（対面型）で授業を受けていると、「いつ間違えるかな」という恐怖心で満たされている。ところが教室の装置を変えるだけで、間違いではなくて、違いだけがあるのだ、理解とか表現の違いがあるのであって、それを相互に交流することによって自分たちの考えを深められるのだ、と変わってくるわけなんです。

逆に言うと、ある生徒は、こういう一斉授業形態は「なにかスースーして淋しいというか、心を縛られたような感じになる」という表現をするんです。「淋しい」という言葉の「さび」というのは、「荒《すさ》む」の「さび・さぶ」と同じ言葉でして、淋しいとだんだん心も荒んでいくわけですね。表情が硬直して、笑顔が見られない教室になってしまう。

僕が三年間かけてつくった教室は、「いつも子どもたちがニコニコしていて、いいな」なんていうふうに言ってくれる人がいたんですけど、本当に笑顔がある教室が、拙《つたな》い実践なんだけれど、できてくる。

昔覚えた学ぶ楽しさが、体全体を走り抜けた

ところが、机の配置を変えるだけではもちろんダメなわけですね。そこで必要なのは、アピール文（85ページ）にもありましたが、マリオ・ローディが言うように、普通の一斉授業では質問、答え、評点、採

点しか行なわれていない、大事なのは協働して、ともに力を合わせながら探求していく授業をどう実現するか、そのための教材研究と課題の水準をどう上げるか、ということです。

僕の授業は、子どもたちとのいろんな応答のなかで、教科書をまず読んで、「なにか質問はありませんか」と。そしてその質問に答えていく感じで授業を進めていきます。たとえば「家内工業」という言葉が出てきて、「先生、家内工業ってなんですか」とある子が言う。教室の端っこで「お母さんがやる工業だよ」とか言う。「それ、おもしろいね。ちょっと言ってみて」と僕が言うと、また違う子が「違うよ、家のなかでやるんじゃないの?」とか、そんな話をしながらいろんなことを深めていく。

あるときは第一次世界大戦のプロパガンダ・ポスターなんかを持ち込んで、それを読みひらいていく、そんな授業をやってきました。

そうすると、子どもからは「教えられたことが正しいと、自分に言い聞かせて暗記するのではなく、自分で考えて、答えなんかない、答えなんかわからないかもしれないけど、答えを見つけだそうとすることで自分の可能性を見つけだせるような気がした」とか、あるいは「頑張ろうという気持ちがわいてきた」なんていう授業評価が出てくるんですね。学びというのは子どもたちを深いところで支えていくことを実感しています。

こんな感想文があります。これは僕自身すごく感動したんですが――

「こんな先生がいるんだみたいな感動でした。昔覚えた学ぶ楽しさが、久しぶりに体全体を走り抜けた感覚です。先生の言う、『瞳輝くいきいきした感じ』を、私は先生の日本史で久しぶりに快感できました。私は学校をサボりがちで、先生からもかなり嫌がられがちですが、基本的に学ぶ事は大好きです。高一、高二の二年間は、学校でも家でも嫌なことが多すぎて、本当に自暴自棄のかたまりと化し、退学になろうとも、どうでもいいとずっと思っていました。でも最近は、そう思わなくなりました。やっぱ学ぶのってたのしいよなって思いだしたし。これは後づけだけど、そう思えるようになったのは、元をたどると日本史の授業なのかなって」

彼女はお父さんのリストラであるとか、さまざまな家庭のトラブルのなかで、ヤケの固まりになっていたんですね。ところが授業を受けるなかで、昔覚えた学びの快感が溶け出てくる、そういう経験をしているわけです。自分にいま降りかかっている困難とか、あるいは厳しい境遇が、自分の責任ではないんだけど、それは自分のものとして引き受けていこうという、そういう勇気をつくりだしてきている。そういうことが描かれていると思うんです。われわれはみんな自分自身で生まれたくて生まれてきたわけじゃないけれど、その与えられた生命を自分のものとして引き受けなおすということが、学びによって行なわれていく。そんなふうに僕は読んだんです。

事実、この子は後にメールで、「私は生まれたくてここに生まれたんじゃないとずっと考えてきた。ところが授業を受けるなかで、その考え方を改め始めたんだ」なんていうことを書いてきまして、学ぶことによって自分の人生を引き受けなおす、そういうことができることを、あらためて実感させてもらいました。

ほかの生徒には「動くことによって、偶然が必然になってくる」なんてすごい表現をする子もいたんですけど、少なくとも学びというのは、たえず自分から抜け出す経験なわけですよね。つまり自分を固定化し、制度化し、固めるのではなくて、そこから抜け出そう、動きだそう、揺るがせようという、そういう動きなわけです。

もともと人間というのはたえず越境していく、たえず自分を抜け出しながら再統合している存在なので、学ぶことによってかえって自分が安定する。自分の可能性や、頑張ろうという気持ち、内発的な生きていく力みたいなものを生み出すんじゃないかなと感じます。

一人だけの先生から、四一人の先生へ

他方、僕も教師として、この三年間で——僕は教師二二年目ですけれども——なにかはじめて専門家として成長したなぁという実感があります。最近、生徒ともよく話しているのは、教壇から一方的に子どもたちに「はい、君」「はい、君」というのはドッジボールだよね、と。教師は子どもがちゃんと取れないような悪球をバーンと投げて、ガツーンと当てて、当たったら「外へ出ていきなさい」。子どもたちは、当たらないようにひたすら逃げるわけですよ。それで当てられたら、「知りません、わかりません」と。それで教師は次に当てるわけですね。

つまり一斉授業では往々にして言葉を交わしあうのではなくて、そういうドッジボールをやっている。これは教師としては最低水準の仕事しかしていない。ところが、コの字型にしていろんな声を拾いながらつないでいく仕事をすると、教師も成長せざるをえない。

ある生徒が書いてくれていますが、「一人ひとりがそれぞれ異なる思考をするので、まるで四一人の先生がいるようで、とても深い学びができました。（金子）先生は私たちに、そんな学びの場を与えてくれ、四一人の意見をまとめていくことで、私たちはまた新たな発見をすることになりました」と。まあ、僕は別にまとめたりは絶対しないと思うんですが、子どものいろんな声、あるいは学びあいを拾いあげて、それを返していくという、そういうキャッチボールをたえずやってきた。それが四一人の先生と彼女は書い

てくれたんだけど、そういう意味での専門性を、僕はこの三年間で身につける、いや、少し磨くことができた、と考えています。

ほかの生徒が、「先生がただ単に生徒に教えるのではなくて、生徒が授業をつくっていくような感じで、好きでした。たいていの先生は、生徒がなにか見当違いのことを言うと、多分混乱すると思うけど、金子先生はどんな意見でも、ひとつの事柄にリンクさせていって、なにか応用力がすごいな」なんて書いてくれたり、あるいは「自分のことばをちゃんと受け取ってもらえたようで、とてもうれしかったです」なんて書いていますね。つまり授業という営みが、ある種ケアリングの役割を果たすという可能性も実感できたというふうに思います。

最後に、（レジュメに）「教室から社会を変える」と書きましたが、教室は社会をつくっていると考えたほうがいいと思うんですね。だから一斉授業型の授業にこだわる教師は、それに見合った社会を多分、つくっているんだろう。学びのある、笑顔のある授業に挑戦するということは、それに応じた社会を準備するだろうと僕は思うんです。

いま、自分の子どもを見ていてもそうなんですけど、子どもたちは学校で引き裂かれてしまっている。授業中は「一人でいなさい」と言われるんです。ところが、行事とか放課後になると「協力しなさい」と言われるんです。一体どっちが本当なの？　それで群れると、「群れちゃいけない」と言われる。僕も、わけがわからない。

ある生徒は「他人を通して自分を知るというのを、何度も経験させてもらった」と書いているんですが、僕ら人間は、自分では自分のことはわからないんです。たえず人と接触するなかで、自分を描いている。逆に孤立させられちゃうと、自分の輪郭がぼやけて自分を見失ってしまう。

ですから一斉授業で孤立させたかたちで授業をすると、子どもたちはどんどん輪郭を失って、自分を見失う。それを取り戻すために、うわっと群れるわけです。僕がまえに勤務していた学校は、行事が異常に盛り上がるんです。僕はちょっと気持ち悪かったんですが、それを盛り立てていたのは生徒会なんです。ぎゅっと孤立させられていたエネルギーが、ポッと爆発して集団を招き寄せていく。そのくり返しなんですよね。

だから、そうじゃない学校づくり、そうじゃない授業づくりをこれからどんどんやって、子どもたちが他者を通して自分を知っていく、他者を通して新たな世界にふれあっていく、他者を通して新たな社会を目指していく、そういう現場での取り組みというのがもっと必要になるのではないかなというふうに思っています。

教育基本法をめぐっては、たえず「個人」か「集団」か、あるいは「ナショナルなもの」かという、個人と集団とのあいだで揺れ動いていたわけです。あるいは新自由主義か、共同体主義かというかたちで。でも、僕はその真ん中というか、ひじょうに狭い通路なんだけれども、関係主義的な発想で、その狭い通路を第三の道としてくぐり抜けていくのも十分可能であろう、といまは思っています。

子どもたちの身体に、他者にレスポンスする、そして責任を引き受けていく、そういうかかわりをどうつくりだしていくのかということは、僕ら教師の最大の責任であろうと思っています。

（公立高校教員）

授業づくりのヒントはどこにでもある 実践報告3

千葉　保
CHIBA Tamotsu

先生たちのために校長をやる

神奈川で小学校の校長をやっていました。また、『ひと』の編集委員を一〇年ぐらいやっていました。「教頭をやらないか」という話があったときに、『ひと』の編集委員会で「俺、歌・旗嫌いだから断ろうと思う」と言ったら、ほかの編集委員に大反対されましてね。「子どもと先生のために、ちゃんとした砦をつくれ」と言われました。「なんで私だけそんなトリデをつくらなきゃいけないのか」(笑)と思いつつ、やってきました。

私は校長職を先生たちのためにやろうと思いました。子どもたちが「学び」とか「知」に対する憧れを持てる、そういう子どもたちを育《はぐく》むところが学校だろう。そのためには先生がそういう人でなければいけない。だから先生づくりがやっぱり大事なのだと思いました。

総合学習をやっているときには、先生たちと一緒に北海道へ行きました。牛舎ではなくて一年中、外で放し飼いにしている出田牧場へ行きまして、一緒においしい牛乳を飲んだ。牧場主が呼ぶと、一三〇頭の牛が一列に並ぶ。そのなかの腕白な牛が出てきて、肩のへんをペロンとなめる――そういう体験をみんなでやりました。

そうすると、先生たちも変わってきましてね。たとえば畑でテンサイをつくっています。砂糖大根ですね。近くにすずらん印の砂糖工場があるというと、「私、行って取材してくる」。ポテトチップの工場があるというと、「あそこへ取材に行きたい」。そうやって、自分でつくる授業を大事にしていく先生たちを育てたかったし、育ってきました。

あるときはスウェーデンに一緒に行ってホームステイをしまして、スウェーデンの学校を見る。なおかつ授業を体験する。日本語じゃわからないから英語で。まあ、折り紙をやった人から日本の民謡を伝えた人から、いろいろいたんですけど、そういう経験が先生をつくっていくだろうと思ったんです。

そして上から来ることはなるべく少なく先生に伝える。私で跳ね返せることは全部跳ね返していましたけど、東京の風が吹いてきまして（笑）。

「これって、校長の仕事か？」

さっき佐藤先生が「会議のない学校をつくる」と言われましたが、私のところはすごい会議が多かったんですね。なぜかというと、ケース会議というんですけど、支援が必要な「病める親・子ども」がけっこういるんです。その子一人ひとりにケース会議をもつんです。

たとえば、アパートに父親と子どもが住んでいる。三日間、学校に来ない。毎日先生が行ったけど、真っ暗で、いるようなんだけど誰も出てこないということがありますね。そうすると、対応を児童相談所や保健所を集めてやる。そのケースでは、父親が仕事をクビになって、水道は止められ、電気も止められた。そのなかで「子どもはかわいいから、私が育てる」と言っているんですけど、無理ですよね。こちらで別れた奥さんに電話をして、こんな状況なんだけど、と言うと、「ぜひ、子どもを引き取りたい」と。それで両方呼び出して、父親のほうを説得して、「ウン」と言ったらすぐ念書を書かせる。「これって校長の仕事か？」と思ったんですけど……。

それでお母さんが子どもを連れて行く、父親は一人になる、……泣きますよね。今度は父親を「自己破産の手続きをとって、絶対またやり直せるから」なんて慰めて。ケース会議の開催は、一人二人じゃないんです。七人八人という感じになってくる。

だから、格差社会が確実に子どもたちや家庭を蝕《むしば》んでいる。ただ、そういうケース会議で子どもをみんなの目で見ていけば、ゆるやかだけど一歩一歩、親が親らしくなったり、子どもがやる気も少しずつ見せたりというふうに変わってくる。だからいまの学校は、親の教育まで引き受けているというように思うんです。

明治八年のテスト問題

教育に戻りますけど、資料をちょっと見てください。

資料の二枚目を開いていただくと、下等六級がありますね。これが明治のはじめのころの学校の試験です。明治八年、九年ごろの試験なんですが、これは小学校二年生の試験です。六歳で学校に入ると、下等八級というところに行ったんですね（当時の小学校は四年制）。半年後の九月に試験をして合格すると七級に進む。三月に試験して合格すると六級に進む。だから六級というと小学校二年生のはじめのころですね。これで半分の五〇点以上とらなければいけない。いま小学校二年生でこんな難しい問題はやりません。

それから「問答」というところを見ていただくと、「地理学ニ幾種アリヤ」。答えられますか？　私はい

下等第六級

算術
(1)
1234
198765
12346
300
＋　58

(2) (4321＋261)－(4563－1436)＝
(3) 亜國大改革ノ戰争ハ一千七百七十六年ニ起リ其後一千八百十五年ニ戰争治リシト云フ　此戰争幾年ノ間引續キシヤ
(4) (和算) 農夫アリ　其畑ヨリ燕麥二千一百〇九苞　大麥八百七十一苞　裸麦九十八苞ヲ収ム　今是ヲ合テ其苞数幾何
(5) (記授暗算) 150＋75－(50－25)－100

摘書
(1) 環 (2) 閑静 (3) 國法 (4) 神慮 (5) 古語

問答
(1) 地理學ニ幾種アリヤ
(2) 五大洲ノ中最大ナル大洲ノ名ヲ記セ
(3) 瀑トハ如何ナルモノゾ
(4) 赤道ヨリ北二十三度半ニアル線ヲ問フ
(5) 立法體
(6) 螺線

書取
彼の朋友ハ常に學問を好み此親類ハ能く家業ヲ勵む　學問を好めハ智識ヲ増し　家業ヲ勵めハ富ヲ致す

習字

下等第五級

算術
(1)
7234562
×　203

(2) (929－384＋27×39)×6－(576－273)＝
(3) 一万六千八百二十個ノ内九千百三十六個ヲ減ジ＋二ヲ以テ乗ジ　百八十九ヲ加ウレバ幾何ナルヤ
(4) (和算) 間口＋八間奥行二十六間ノ地アリ　問フ坪数若干
(5) 3(22－17＋3)－4×5

摘書
(1) 弦月 (2) 晨 (3) 擲毬 (4) 横須賀 (5) 砂礫

書取
鶴は大なる鳥にして　雛の間は其羽毛茶色なれども　生長して後は雪の如く白くなるなり

問答
(1) 全國人口ノ數ヲ記セ
(2) 大阪ハ何帝ノ都址ナルヤ
(3) 日本第一ノ平地ハ何國ナルヤ
(4) 三河ノ三大川ハ何々
(5) 浦賀港ヲ指ス ｝暗射
(6) 筑波山 ｝暗射

習字

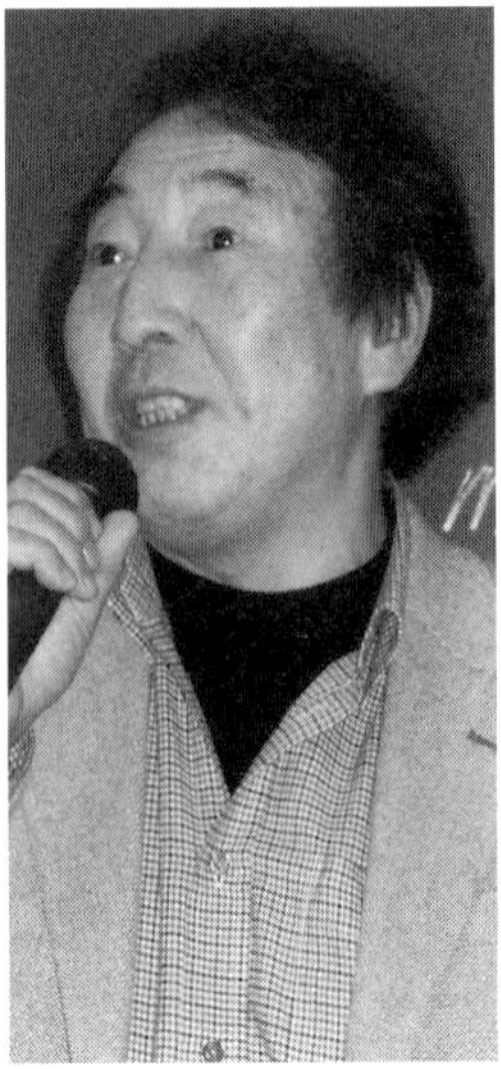
千葉保さん

ま大学で教えているんですけど、大学生でも半分とれないのはけっこういるんです。自然地理学と人文地理学と二種あるんですが、こんなのを小学校二年生に教えてそのころは満足していたんですね。

それから、「赤道ヨリ北二十三度半ニアル線ヲ問フ」。これは北回帰線なんですけど、これを二年生で知ってどうするんですかね。こういうのが進級試験だったんですね。

五級というのは二年生の後半なんですけど、掛け算見てください。すごい単位の数になっていますよね。いま二年生でなにをやるかというと、九九をやるんですね。

問答2なんかを見ると、「大阪ハ何帝ノ都址ナルヤ」。わかりますか。天皇制が色濃く出ているということもわかると思いますね。答えは孝徳天皇。中大兄皇子の大化改新がありましたね。中大兄は自分がすぐに天皇になったのではあまりにえげつないから、叔父さんが天皇になって難波宮（大阪）に遷都した。そういうことを問う。毎回二、三人が落第していたそうです。

いい点数を採ったらごほうびがもらえた。ごほうびは金二〇銭。そういう賞状がいっぱい残っているんですが、このころは本当になにを教えたらいいかわからない時代でした。それから何年もたって教育内容がしっかりしてくるのです。こうして始まった学校教育ですが、いまではみんな「追いつけ、追い越せ」の勉強が基礎学力だと思っているんですね。たとえば漢字でいうと、一番画数の多い漢字といえば、うつ病の欝。欝って書けますか？　書き順を教えて、練習させて。でも、テストが終わると忘れるんです。忘れる知識をいくら詰め込んでもねえ？　増える知識を教えなくちゃいけない。それは基礎学力のとらえ方の違いだと思うんですが。

だから二一世紀に必要な基礎学力とはなにかということを、やっぱり先生たちは考えていかなくちゃいけない。さっき二人の先生たちが授業の話をしてくれましたが、あのへんにもヒントがあると思うんです。

授業のネタは、いたるところにある

私は、テコにできるのはこれだ、というので、資料に「読解力向上プログラム」というのを紹介しておきましたが、これは文科省が進めようとする政策のひとつです。

文科省は相反する二つのことをやろうとしています。ひとつは全国一斉学力テストでしょう。さっき言ったいわゆる「基礎学力」を定着させよう、と。学力のとらえ方が私たちと違いますが、それがひとつ。もうひとつは、これはＰＩＳＡ型「読解力」といいますが、二〇〇三年にＰＩＳＡのテストをやったときに、日本は読解力がガタンと落ちました。日本人の子どもで全部書けたのは三択問題。文章題で、自分の意見を「私はこう思う」と書けた子が少なかった。それで危機感を抱いた文科省がＰＩＳＡ型「読解力」を鍛えるというのが、この政策です。

「学校での取組」を、ちょっと見てください。目標１「テキストを理解・評価しながら「読む力」を高める取り組みを充実」させていく。それから目標２「テキストに基づいて自分の考えを「書く力」を高める取組の充実」をする。３番目は「様々な文章や資料を読む機会や、自分の意見を述べたり書いたりする機会の充実」。「基礎学力」とまったく違う学力観でしょう？　これを両方やろうとしているんです。

われわれのシフトはどっちに置くか。もちろんこっち側（「読解力向上プログラム」）において、いろんなことをやってみたらどうかと思うんです。授業づくりを考えると、学校に特別教室っていっぱいあるじゃないですか。家庭科室、理科室、音楽室、図書室。それがなぜできたかも、本当にいい授業のネタになるんですね。

明治の一番はじめのころ、文部省は理想に燃えた。そのころ一般の人の考えは「女子は裁縫をやればいい」みたいな感じだったんですが、「そうじゃない、男女同じものを学ぶんだ」とやったんですが、女子の就学率が低かった。それで裁縫室をつくった。家庭科室のはじまりです。

唱歌室は、楽器が少なかったのもありますが、日清戦争で軍歌を歌ったらすごく兵士が意気揚々とした。だから学校で歌を教えなくちゃ、というのが唱歌室といって、音楽室を作ったはじまりです。

理科室は、第一次世界大戦でドイツは負けたが科学力を発揮した。毒ガスをつくった、それからタンク──戦車もつくった。それでびっくりして、日本もあわてて理科室をつくった。

そして図書室って、いつからあったと思います？　これも戦争に関係があるんです。第二次世界大戦に負けて、アメリカの教育刷新委員会が来ました。彼らは「日本は学校に図書館がない。だからひとつの思想にすぐ染まる。いろんなものを読ませなければいけない」と答申する。それで一九五三年に「学校に図書室をつくること」というように条例改正をする。どうですか、教室でも歴史が見えてくるでしょ？

このように、授業のネタはいろんなところに転がっていることを認識していただきたいのです。

もうひとつ持ってきたのは、フィンランドの四年生の教科書で、これは日本語に訳したものが市販されています。ここでは学校の図書館が閉鎖されたとき、みんなでどうするか？「新聞記者が質問したら、なんて答えますか」みたいなことを考えさせて、自分の意見を持つことを教えている。意見を主張し行動することも、教えています。

いま、スイカとかパスモってあるでしょう。どんどんクレジット・カード化して、自分がいくら使ったか、いくら借金したかわからない。だからカード破産や消費者金融のわかりやすい本を、太郎次郎社でつくっているんですが、そのときに弁護士の宇都宮健児さんと話をする機会があった。そうしたら、彼は「日本の学校は権利を情緒でしか教えない、権利の行使のしかたを教えない」と言うんです。フィンランドは、図書館を再開させるにはどうするかを具体的に考えさせようとしています。宇都宮さんは「告訴状まで書けるような人間をつくらなくちゃいけない」と言うんですが、そこまでいかなくても、「困ったときにどこへ相談して、なにをするか」というような人に育てなければいけない。権利ということを、先生たちも意識していかなければいけないんじゃないかと思います。

教員は、研究のための自由の時間が必要です。さっき佐藤学さんから「信頼を取り戻そう」という話がありましたが、信頼を回復するにはどんな授業をつくっていくか、そこにかかってくるんじゃないかと思います。

授業でやれることってけっこうあって、ＰＩＳＡ型「読解力」をうまく使いながらなにかやっていけたらどうかなと思います。

（元公立小学校長）

第２部討論

司会：安藤多恵子、菅間正道、竹内常一

――お三方、ありがとうございました。いまのお話を受けて、これから討論に入っていきたいと思います。まずはそれぞれのかたにご質問があったり、あるいはちょっとここをお聞きしたいということがあったら、どうぞご遠慮なく。ご自分のところではこういうことをやっているとか、こういう現状です、ということでもいいかと思います。

発言者Ａ（高校教師・女性）：神奈川で公立高校の教員をしております。金子さんと一緒に授業研究をやっている者ですが、この春から神奈川の底辺校に異動しました。金子さんが報告されたような共同的な学びが、どういうふうにここでできるかなと思っているところですが、学校のシステムはひじょうに管理的です。生徒指導にとても厳しい学校で、教室のなかも机が横に五列、それもひじょうに離しています。その机をくっつけて授業をしたいと思っているんですが、最初の学年会のときに、それを誰かがくっつけるとそこからクラスが崩壊していくみたいな話がみんなから出されました。

それから巡回システムがひじょうに厳しくできあがっていて、授業中、外に出ている子たちに声をかけて学校のなかへ戻す。そんなことをいろいろやって子どもたちは表面上、落ち着いているんだけど、授業の中身はまったく問われない傾向があります。これからどうやって発信していけるかな、と思っています。

私の学校の先生は、授業をどうしていこうか考えたことはあると思うんだけど、なかなか具体的ないい方策を知らない。先ほどの金子さんのような実践をみんなが共有する機会があって、そういうふうにやってみようと思う機会があったら、もう少し学校も変わっていけるのかなと思っています。

——ありがとうございました。金子さん、先ほど報告されたような授業を、普通はつくりにくい状況にあると思われますが……。

金子奨：僕は定時制から始まって、最底辺校、底辺校で、東京大学に一年間だけ行かせていただいて、いきなり進学校と自称する学校に異動してきたんですね。最初の年は子どもたちから拒否される感じもあってかなりきつかったんですけど、授業にかんしては社会科ということもあって、教師で邪魔をする人はほとんどいなかった。というか、教師は授業にあまり関心がない。大事なのは分掌の仕事であり、部活であり。授業のことを一生懸命やろうがなにしようが、他の人はそれにあまりかかわらない状況でした。子どもたちも、受験、受験。「こんな授業じゃ受験に役立たない」という感じだったんですけど、強引にねじ伏せて行ないました。

でも、やっぱりこのあいだ僕が教えた子の親と同僚になったものですから、話を聞いていたら、「いやあ、金子さんの授業、子どもが『最低だ』って言ってた」と言うんですね。「ところがね、不思議だよな、変わるんだよな」と言うんです。「最後のころは、『あの先生の授業、やっぱり大事だよ』と言っていた」というので、やっぱり学ぶことの楽しさとかパワーとかそういうものに子どもたちは惹《ひ》かれ、開かれていくんだろうなと思いました。

発言者B（高校教師・男性）：茨城の高校で教員をしています。学校でいまちょっと起こっていることを紹介したいと思います。

金子さんたちとの研究会に参加するようになって、いろいろ公開研究会とか公開授業に続けざまに参加して、その報告を学校でしましたら、「やっぱり授業が大切」という話になり、昨年の一二月に学校で授業研究委員会というのが立ち上がりました。

その授業研究委員会のメンバーは、どちらかというと若い先生です。講師の先生も含めて、各教科から一応、一名ずつ出そうということになって——まあ押しつけられるようなかたちの先生もおりますが——授業研究委員会が立ち上がった。

若い先生ですから、授業が下手であたりまえという開き直りもあると思うんですけど、とにかく自分の授業をなんとかしたいという意欲が強い。私が公開研究会で見てきた授業報告をしたりするなかで、たまたま学校の近くに学びの共同体の実践をしているK中学校がありまして、そこを授業研究委員会のメンバーが三回にわたって訪問して、授業を見てきました。

先ほど佐藤先生がおっしゃったように、やはり自分の目で見ると違う。私がいくら口で説明してもなかなかわかってもらえないんですが、目で見てきた人は「これはすごい」ということがわかってきました。どこが違うのか。見てきた人がなにを感じたかというと、授業もそうなんですけど、授業の後の検討会ですね。教師どうしが二時間ぐらい検討会を行なう。それがうちの学校にも必要だということを盛んに言っていました。

そういうなかで、細々ですが、今年は一応三〇人の教員が全員、授業を一年間で公開しようということになりました。それから、やはり授業公開のあとの検討会をもとうということになりました。

グループ学習も多少提案してはいるんですが、それに対する抵抗はものすごく大きくて、いまは各先生が自分のやり方でやって、とにかく子どもの学びを中心に授業を検討していこうということになっています。

先ほどから教師が問題だということが言われていますが、私たち教師どうしがおたがいを信頼することが必要ではないか。そのためにはやはり、授業を柱にすえて、そこからやっていかなければいけないと思っています。

――高校の報告が続いていますが、少し小中学校のお話はないでしょうか。

発言者C（中学教師・男性）：横浜の中学校の教員です。いままで荒れた学校にいることが多かったのですが、同じ学校でもひどく荒れるときとそれなりに平和なときとがあります。思い出すと、荒れているときのほうが授業はわりと楽しく活気があったような気がするんですね、不思議なことに。

それはひとつには、荒れていると「もう、それどころじゃない」ということで、教師に対して変な仕事を校長も言ってこない。それから、荒れる子は教室からエスケープして、町でタバコ吸ったり酒飲んだりしてますから、教室のなかはむしろ平和で、本当に授業に集中できたということはあります。

いまの中学校の教育課程は細切れ授業になっていますし、総合や選択の時間が大量に入っていて、要するに五日制だけが問題ではなくて、そもそも教科の時間がとれない。うちの学校では、三年生だと本当は選択の時間を最低二時間はやらなくてはいけないんですが一時間にして、二年生はナシ。普通の教科の時間に割り振って、一応「選択しています」というかたちにしていました。

ところが、学校が落ち着いて平和になった途端に、校長も替わったんですが、「これじゃ通らない、教委は許さない」ということで、形どおりになった。平和がいいのかどうかわからない（笑）、ほんとに難しいです。

――授業改革や学校改革が、ちょっとイレギュラーなかたちでならば成り立ったというお話もありましたが、千葉さん、いかがでしょうか。

千葉保：先生を育てるという視点で言うと、たとえばいま新採用の先生がけっこう来るでしょう。私は毎日教室を回って授業を見るんですが、笑顔がひとつもない新採用がいる。そうするとどんどん子どもも暗くなって、ある日、子どもが教室のなかに入らなくなるということがあるんですね。

よく聞くと、その新採用の先生は自分の両親がいがみあっていて家庭で会話がなかった、と。それはその先生の責任ではないですが、そうすると授業で笑顔を見せることから教えなくちゃいけない。でも、笑顔なんてすぐ見せられるものじゃないですよね。だから教室に入らない子は、空き時間の先生が手伝って入れて、そしてはじめの一〇分はその先生がやって、バトンタッチしてその新採用の先生がやる。なにしろ、一人も落ちこぼれの先生をつくらないようにと思ったんです。

その先生は小中時代に場面緘黙《かんもく》――学校では一言もしゃべれない。うちに帰ると普通になるという子でしたが、高校のときにすごくいい先生に出会って、自分も先生になりたくなった。なったのはいいんだけど、家庭訪問に行くとはじめての親と対面するのがものすごく苦手。そうすると、親から「あの先生はなにも話してくれない」とクレームが来る。

親にはそんな事情は話せないけど、その先生には、「事情は僕は十分にわかっているから、相談してね」という感じでやってきました。

一緒に授業をつくることを大事にすることと、一人も捨てないというかな、一緒に伸びていく学校をつくっていくこと。はじめからいい先生なんていませんから。私もひどい先生でしたから。だんだんと変わってくるためには、学校にゆとりがなくちゃいけないんです。

いま、本当に書類体制がものすごい。私も二〇年ぐらいまえかな、ある女性校長に呼ばれて、「予定表を一年間見たら、あんたの道徳は一回もなかった」と言われた。皆さん、どう弁明します？ 私は「それは予定表でしょう？ 予定表というのはあくまでも予定です」と言ったんですが。

出る釘は打たれるけど、出過ぎた釘は打たれない。その女性校長さんは、掃除の時間になると窓の桟《さん》をこうやって指でなぜるような人なんですけど、私は校長がそんなことをしたら雑巾を渡して、「先生、どうぞ拭いてください」。そうしたら二度と来なくなりました。

いろんな手があって、そのなかで自分の思うことはやっていく。しなやかに、したたかに。一応、学校の校長としても、ある程度線を引かなければいけないことはあるんですが、そういうところは片目をつぶってそうしておく。でも、一番大事に守るべきは授業の中身だと思うから、そのへんは豊かにすることを心がけようと私は思っています。

発言者D（私立大学教員・男性）：関西の私立大学で教えております。金子先生が、最初はひどい評判の先生だった、それが親の評判が変わってきた、という点を受けて話したいんですが。

私の大学では授業評価があります。ひじょうに細かく授業評価をやる。それをガラス張りに公表することまでやっている。

私は授業を一生懸命――研究どころか教育に一番力を入れてやっているんですが、私に対する評価はきわめて悪いんですね。授業評価の自由記述ですごい言葉が出てくる。「こんなの授業じゃない」とか「授業料返せ」とか、最近はそこまで出てくる。私は心理学を教えていますが、学生に、心理学とはこういうものだというイメージがある。それを次から次へと崩していくことを行なう――教育基本法の話をしたり、いろいろするものですから、きわめて評判が悪い。ひじょうによくわかって感動してくれる学生と、徹底的に反発して、アンケートにものすごいことを書いてくる学生がいる。アンケートに書かれたものは全部記載されて回ってくるんですね。

こうした学生の声はひじょうに大きな圧力になりまして、非常勤の先生なんかは、だんだんあたりまえのことしかやらないようになってきています。

私は小中学校の状況はあまりよくわかりませんが、校長だけでなく、保護者による教員の授業評価が行なわれるようになるのではないか。それによって先生がたが孤立していくというか、一生懸命やっている先生はシャドウ・ワーカーになっている状況がもっと進行する可能性があると思う。

ユニークな授業をすばらしいと思う学生は、授業評価の自由記述には「すばらしい」と書かないですね。そういう公式的なところには書かないので、上には伝わらない。私は自分で言うのも変ですが、すばらしい先生がいたら、すばらしいことがあったら、いろんなかたちで回りの人がじゃんじゃん言うべきだと思う。そうすると、批判があっても、「こういう評判もある」「こういう評価もある」と多少は相対化されて、その先生のいろんなことが随分変わる。

日本は——学校もそうですが——世間の評判というか、世間体で動いているところがものすごくありますので、そのあたりはぜひ先生どうしの連帯としても考えるといいかと思いまして、一言申し上げました。

——授業評価について、小学校の現状はいかがでしょうか。

発言者E（小学校教師・男性）：授業研究ということに力を入れると、さっきの「授業メモ」ではありませんが、形式にとらわれて評価基準とかを書かなければいけなくなります。ですから、それをやめよう、と。授業研究会、検討会などは公式に設けずに、それはそれぞれの仲良しの先生どうしのあいだでやればいいと思っていたんです。

ところが、私の学校では荒っぽい子どもたちがいますから、それに対する締めつけで児童指導という時間がたくさん増えてきた。授業研究をしないと、学校はつい児童指導的なところに走ってしまうので、来年からは授業研究をまずはやろうよ、という声が出て、この四月から始まりつつあります。

鈴木和夫：先ほど大学の授業評価の話が出ましたが、東京の小学校の授業は、じつは評価の対象になるんです。ひとつは子どもからの評価をもらう。それはパーセンテージの数値でちゃんと表します。もうひとつは、親の評価を採るところもあります。そのために学校公開をかなり長い時間やるんですね。たとえば小平の場合ですと、学校公開は一学期に一週間、二学期に一週間、三学期に一週間やります。

つねに評価の対象になると思いながら授業をやりますから、それなりの授業づくりをしなくちゃいけない。これは良し悪しありますけど、教育としてはタラタラやっていられない、いろんなことをやるようになります。

ただ、その授業の内容にどういう評価を受けるかについては、親とちゃんと対話をしないとどうしようもない。親にいい加減に評価されてそれでいいかというと、そうではない。保護者会で自分の授業に対して親の意見をちゃんと聞く。それで親はなにを要求しているのかということを聞きながら、じゃあ「自分の授業観はこうだ」ということをきちんと伝えないと、おたがいに共同しながら授業をつくるという前提が崩れていくと思います。

それからいま小学校の場合、軽度発達障害といわれるような子どもの発生率なんかを、けっこう教員が気にするんです。いま東京都では、小学校では六パーセント超えています。全部認定されているわけではありませんが、そういう子どもが現実にいます。

そういう子どもと授業をつくっていくためには、一斉指導なんかやっていられないです。教師が子どもとどう対応するかという能力をつねに問われるのが、東京の小学校の授業の実態かなと思います。力で授業をやろうと思ったら、どこかでかならず子どもは沈黙しますし、あるいはその力に対する対抗性を身につけますから騒然としてくる。高学年では、授業不成立はいたるところで出てくる可能性があるんです。

ただ、子どもが騒然とすることを授業不成立というふうにだけは考えていません。背中を向けて授業を受けるとか、あるいは逆に、見かけはおとなしくても先生が話し始めたらそっぽを向くとか、子どもはさまざまなことをやりますから。そういうところと対応しながら、子どもに届く授業あるいは子どもの声が届く授業をどうつくっていったらいいか。

もうひとつは、そういう子どもですから、子ども自身が学習に対する課題を持っているんですよ。たとえば、自分が「キレてキレて困る」という子どもがいたら、「俺はなんでキレるんだ」というところにちゃんと答えてあげる授業をどうつくるか。あるいは「僕の家はこうだ」、それはなんでこうなのか、と。あるいは軽度発達障害の子どもって、高学年になると大体差異がわかりますから、「俺は何者だ」というふうに思います。「Ｗｈｏ？ 自分は誰？」。そういう「自分は誰？」ということに対応するような授業も、やっぱり検討しないとダメなんですね。

そうすると、そういうテーマ性を帯びた授業についての評価も検討しなくちゃいけないでしょうし、あるいは特別にそういう子どもと一緒にやる授業を立ち上げていくことも考えていく必要があると思うんです。普通の教科での授業をどうするかということとあわせて、いま子どもが生活のなかでなにを学習のテーマとしているのかということも僕らは考えながら、共同して先生がたでテーマや課題を立ち上げていくということをやらざるをえないんじゃないかなと思います。

発言者F（千葉県・男性）：いままで先生のお話を聞いていると、先生だけが一生懸命授業をやっている、子育てしているという感じがします。僕は保護者として、地域の居住者として、つまり責任のある大人の一員として、地元の小学校にずっと行って今年で二一年になります。先生は転任していきますが、地域の人は転任していかないので、子どもを継続してみることができるんですね。そうすると、どういう子が成長してくるかが、だんだんわかってきたんです。

たとえば去年、中学二年の男の子が、お父さんと「将来なにになりたいか」という話をしていたんですって。その子どもがなんと言ったかというと、「地域のおじさんになりたい」と（笑）。じつはわれわれが、その子が物心つくころから小学校に出入りして、飼育小屋をつくったり、運動会を学校と共同でやってテント張りなんかをする姿を見ていたら、地域のおじさんたちが格好よく見えたというのです。

それで嬉しくなったものだから、そいつがたまたまその二週間後にコミュニティルームに来たときに――われわれはコミュニティルームといって、学校の余裕教室を四つ借りています――「お前、このあいだ親父にこう言ったんだってな」と言ったら、「言ったよ」と。「だけどな、地域のおじさんじゃ食えないぞ」と言ったんです。そうしたら、「うん、だから勉強するんだ」と言ったんですね。やっぱり保護者や地域の人には「励ます」という役割があるんです。そういうところをもっと使ってほしい。

もちろん授業は先生が主体なんだけど、もう一方の主体者として、子どもだけではなくて、保護者や地域の人――地域には子どもに関係ない人もいっぱいいるんですが、そういうかたもわれわれの仲間に引き入れてこないと、「俺は子どもがいないから関係ない」という人ばかり増えたのでは、まさに公教育は成り立たない。そういうかたも巻き込んでいく考え方が大切と思いました。

発言者G（品川区・女性）：教育再生会議とかで、先生たちがいじめを発見して、いじめる子どもを出席停止にせよ、そんなことを報道していたようですが、私の回りの親は、「先生がいじめなんか見つけられっこない。あんな忙しくて、休み時間は職員室に行っていて、一方、子どもは狡猾になって、見つかるようにやる子なんかいないんだから」と言っています。いまは誰がいじめる側になってもいじめられる側になっても不思議じゃない時代。クラス全員が出席停止になるわね、と親たちは思っているんですね。

学校の先生にいじめを発見して取り締まってもらうのではなくて、この授業を受けると子どもがすごく気持ちが優しくなって、「自分って素敵だな」とか——すごく抽象的な言い方で申し訳ないんですが——なにか子どもが気持ちよくなる授業をやってもらいたいというのが希望なんですね。

うちの子が今度中二ですが、やっぱり「授業がおもしろくない」「一方的な話をただ聞くだけだ」という一斉授業の話をよくします。そういう時間をずっと過ごしていると、やっぱり大人だって嫌になっちゃうし、眠たくなる。先生が管理ではなくていい授業をすることでいじめが変わっていくような、そういうのをぜひお願いしたいと。

それからいまの子たちって、ものすごくいろんな不安を抱えているわけですね。親を見ても大人を見ても、みんな全然元気じゃないし、リストラにあってるし、お金のことをしょっちゅう言っている——うちなんかそうですが。学ぶ課題がいまの子たちはとっても多いと思います。すごく不安を抱えているというふうに思っています。

——呼びかけ人のお一人でもある善元さん、小学校の現場からはいかがでしょう。

善元幸夫：僕はいま、授業が楽しくてしようがありません（笑）。やっぱり教師って、三つか四つぐらいの顔を持っていないと生きていけないと思うんですよ。教育委員会と交渉するときはガンガンやりながら、教育情況の激変に一喜一憂している。でも、それは一つの顔であって、もう一つは、授業をつくる顔もあります。

やっぱりおもしろいんです、授業は。夢中になれるんです。私は伊東信夫《しのぶ》先生（元小学校教師、「ひと」編集委員）から漢字の授業づくりをもう一五年も学んでいるんですが、とにかくおもしろい。「漢字のおもしろさを知らないで死んだら人生はもったいない」と本当に思っているんです。それをどう授業で伝えるか。やっぱり教師は教材研究がすべてだと思うんですよ。

私は定年まであと四年しかないんですが、私の手元に日本捕鯨協会作成のカレンダーがあって、じつにみごとな捕鯨の絵巻物があるんです。これを使って授業をやりたい。ヨーロッパ人の食に対する偏見の問題とか、食糧問題とかを、あと四年の間に総合学習でやってみたいんです。

もうひとつ、子どもの側から見た学びの創造をどうつくるかですが、うちの学校の子どもたちの家庭は、これは日本で一番だと思うんですが、国際結婚など外国をルーツにもつ子どもたちが六五パーセントです。そういうなかで、目のまえにいる子どもたちとどのような授業をつくるかです。

皆さんに認識を変えていただきたいのは、いわゆるニューカマーと聞くと、大変だなと思いますよね。でも、新宿ではニューカマーですでに金持ちとそうでない人がいる。それで総合学習ができるんです。医療にかかれない外国人問題を追うと、以前は、健康保険に入れない、高いからかかれないという現実があった。でも、いまは豊かになったニューカマーもいます。そこで子どもたちがなぜかと調べると、「言葉がうまくいかないから、病院に行けない」「アルバイトで忙しくて、医療にかかれない」というのです。現実は日々変化している。けっしてワンパターンでみてはいけないのです。

総合学習は、いま本当に起きていることをリアルタイムで読みこむと、子どもたちはものすごく元気が出ます。だからあと四年しかないなかで、あの教材やこの教材もやりたい、そうすると、いくつかの別の顔を持っていないと授業はできない。いままでの授業で築きあげてきたスキルをもう一回点検し、現代に生かしてほしいですね。

――終わりの時間が近づいてきたんですが、竹内さん、少しお話をいただけますか。

竹内常一：今日は体調が悪いのでおとなしくしていようと思ったんですが。

つい最近、調布市の学力テスト問題が朝日新聞（全国版）に報道されました。調布市は、ベネッセを使って、二年にわたって市内の学力テストをやっています。これは子どもには試験問題は返ってこず、回答と評価だけが返ってくるんです。

ところが昨年度、ある先生が、各学校に一枚、校長保管のテスト問題があって、それをコピーして練習試験をやった。今年になっていざ試験をやると、去年と同じ問題だということが明るみに出たんですね。

私たちが教育委員会に行って話をしたら、教委では、これは逃げ口上か本気かよくわかりませんが、「いままでも試験問題が同じだとは知らなかった、われわれのミスである」とはっきり言ったんです、私のまえでは。そして、一昨年度のテスト費用としてベネッセに払ったのが四三〇万円で、昨年のほうが四七〇万円。同じ試験問題を使っていて、なんでこんな金額になるのか。

それはともかく、この試験では回答用紙と点数しか返ってこない。外部テストなんでやる気がないというのが正直、先生の気持ちかもしれないけど、点数が返ってくるのは子どもなんですよね。自分がどこが間違ったか知るのも、子どもの権利というか、親の権利でもあるわけです。子どもや親は、そういう機会を全部なくしたわけですね。そのフォローをしていたら、とっくに試験問題が前年の使い回しだということがわかったはずです。

二年目にも同じ試験問題が来るという事態になって、今度はそれをコピーして練習試験をした先生は、ベネッセに対して「著作権侵害」として東京都から処分がくるかもしれないと、バカなことを言っていますが、そういうことが起こるところに、僕はなにか大変な、学校のなかの回り具合というのを感ずる。

先ほどから「先生たちをバックアップしよう」と言われています。私たちのところでも、官製ながら学校評価委員会というのはつくられている。そこへ地域住民の誰が入っているのかは調べてみないとわからないんですが、そういう闇のなかで学校の評価が行なわれたりしていることも、市民の教育会議で検討していかないといけないなというふうに思っています。

やはり外側から、いい教育を守り、一緒に教育をするという考え方をつくらないと、この大きな波というのを超えていけないと思っています。本当は「四七〇万円の税金を返せ」という闘いをやってもいいんですが、そういう不当なことが通るということ自体に、学力テストの大変さを感じますね。

——竹内さん、ありがとうございました。第二部も長時間の討論を、みなさまありがとうございました。

おわりのことば

里見　実

今日は長時間、どうもありがとうございました。

スペインの思想家オルテガ・イ・ガセトが指摘するように、私たちは、人間をかぎりなく非人間化する社会に生きています。虎は虎であることをやめること、すなわち非虎化されることができないのに対して、人間はたえず非人間化される危険のなかに生きていると、この哲学者はいいます。市場化社会の趨勢と対応して、そして企業の利潤追求と戦争のできる強い国家の「人材」の養成をめざして、教育もまた、人間を非人間化する装置として機能しています。

人間を人間たらしめる基本的な資質とされている批判的な思考力や共感的想像力は、オルテガがいうように、はてしない努力の結果として得られる、しかし明日にでも失われていくかもしれない不確かな、危《あや》うい可能性にすぎないのでしょう。

この人間化の可能性を消去し、人間をかぎりなくモノ化・機械化していくことをめざしているとしか思えない教育基本法改定といわゆる「教育再生」の動きに対して、私たちがいま投げかけることのできる回答はひじょうに抽象的ですけれども、やはり私たち自身が「人間として生きること」、それを次の世代につないでいくことではないかと思います。

そんな思いも込めまして、趣意書を用意いたしました。やや観念的かもしれませんが、今日の議論のなかで語られた具体的な状況に引きつけながら、さらにその中身を深めてまいりたいと思います。

集会アッピール

「世界中の戦士の墓の何百万という十字架は、かれらが、ついに学校でこう教えてくれる人物に出会うことができなかったことを物語っている」と、イタリアの老教師マリオ・ローディは若い女教師に宛てたある手紙のなかに記した。「人間はときに否といってよい、いや、否といわなければならないときがあるのだと」(『まちがった村』)

教育基本法は、遅まきながら、まことに遅まきながら、敗戦国家日本が国家自身に向かって発した否であった。人間を国家の道具として養成し使い捨てた明治以来の日本の教育にたいする、それは痛恨をこめた否であった。

だからこそ今、覇権国家の再建をめざす政治家たちは、何が何でもそれを覆《くつがえ》さなければならなかった。自民党および公明党の政治家たちによって、二〇〇六年一二月一五日、新教育基本法は強行採決された。死者たちの記憶は葬り去られたのである。

柳沢厚生労働大臣の発言に端的に示されているように、日本を支配する政治家・官僚・財界人にとって、人間は国策遂行のための道具・機械にすぎない。彼らが思念する「美しい日本」とは、権力の号令一下、臣民こぞって国家の歌を斉唱する社会、個人がその個人としての尊厳を放棄して機構の歯車と化する社会にほかならない。まさにそれこそが「強い国家」、戦争のできる国家の再構築を可能にする。

構造的な暴力の下で進行する人間の非人間化は、その当然の帰結として、さまざまな社会的病理を激発する。いじめ、非行、自死、それらは、はたして子どもたちにかぎった現象だろうか。病んでいるのは、社会そのものではないのか。

教育基本法の改定は、この病理の根絶を名目としておこなわれた。

政治的・社会的破綻の罪責を「教育」におしかぶせる手口は、愚劣な権力者たちの常套手段であるが、それが今日ほど、ぬけぬけとおこなわれた時代はない。

新教育基本法がとりあえず企図しているのは、教師の下僕化である。

教師が国家の下僕となり、子どもたちに権威をふるうことによって、子どもたちの荒れは沈静化するという恐るべき「洞察」が、この企図を導いている。

子ども・若者の荒れが進んでいるのは事実その通りであるが、それが破局的な様相にいたらず、その手前でからくも抑止されている背後に、彼ら・彼女らと接する現場教師たちの身を削る日々の営みがあることは、あまり知られていない。知られていないことをとやかくいうのではない。だが、その営みの過程で教師たちが得ている苦渋や手応えとまったく無縁に、「教育の再生」が語られ、その再編が計られるとすれば、それは怠惰で無能な権力者の驕《おご》りでなくして何なのだろうか。

教師が国家の下僕として権威をふるうとき、子どもたちが投げかえす回答は、いうまでもない。見せかけの服従と不信。国家権力者というものは、そんなことを子どもたちに求めているのだろうか。

先の手紙で、マリオ・ローディはこうつづけている。

「もしあなたが人間の解放を信じないのならば、あなたは支配者の技術を、場合によっては厳しく、あるいは親身に、学校に持ちこみます。それは一見、安易で便利なやり方のようにも見えるのですが、とどのつまりは、ひどい精神的な虚無感と倦怠に襲われるのです。あなたは、あなたの目論みに沿うように学習計画を立て、あたかも流れ作業の要求する反射的な動作を労働者に仕込むときのようなやり方で、子どもたちを、少しずつ少しずつあなたの意にかなうように飼い慣らしていきます。子どもたちは、もはやロボット、あなたのプログラムを自動的に進行させていく人間機械です。いつも同じ、問―答―評点のくりかえし。子どもは、ときには年不相応な、テクニカルな小器用さを示したりはするけれども、それも、きまって機械的に習得されたものなのです。こうして子どもたちは想像力といきいきとした知性をじょじょに圧しつぶされ、学校と人生をまったく別なものとわりきり、そして欲得づくで学ぶ狡猾さのうちに、毎日緩慢にあなたの目の前で死んでいくのです」

「自分が納得のできる仕事をしたい、評価されるためではなくて」

教師に「いじめ」を仕掛けることによって教育を「再生」しようとしているかに見える国家権力の重圧の下で、自らの仕事の原点を見定め、そこに立ち返ろうとする教師たちの思いはかえって強く、切実なものになっている。教師の仕事は、つねに生身の子どもたちを前にしておこなわれている。子どものかかわりのなかで、どれだけ「納得のできる仕事」をするかが、試金石なのだ、政治家好みの、あるいは新「教育基本法」好みの、権力の高みからの訓示や説教は、いっさい意味をなさない。

ローディはいう。

「私たちが何者であるかは、子どもたちの前にたって、どんなやり方で仕事をすすめていくかを決定しなければならぬ、その初日の一瞬にもう明らかになってしまうのです。すなわち、おさえつけるか、それとも解放するか、です。この選択で、その後のすべてが、あなたの人間としてのあり方までもが、決まってきます。

もしあなたが解放の方を選ぶなら、あなたの内部に、子どもへの愛という大きな力が湧いて出るのを感じることでしょう。その愛は、身近な隣人への関わりというかたちをとって社会的地平に移行せずにはいない性質の愛なのです。それはあなたが経験することによってはじめてわかる大いなる力です。あなたの仕事によって仮面を剥がれたと感ずる卑怯至極な迫害者たちの攻撃の下で、あなたは、自覚だけにささえられて頑張ります。打撃が大きければ、あなたはそれだけ強くなるのです」

権力の発動によって、荒地に花が咲くわけではない。荒地であれ、沃野《よくや》であれ、人は自らが立つ足下の大地を耕しつづけてきた。教育の分野でも、それは同じだ。新自由主義という全体主義の下、狂気と暴力が教育の世界に吹き荒れる今だからこそ、私たちは希望の灯を受け渡し、それを大きく育てていかなければならない。憲法・教育基本法の根本理念と、私たち自身が切り拓き、築いてきた実践的地平を、非存在の闇の底に封じこめてはならない。

もう一度、マリオ・ローディの手紙の一節を。

「子どもを学校の中心にすえること、あらゆる恐怖から子どもたちを解放し、学習を有意で、楽しいものにすること、子どものまわりに、かれに敵対するのではなく、かれを仲間として迎えいれてくれる共同体を創りだすこと、子どもの生活と、かれの内部で発達する高き感情を重んずること、まさにそれが、教師の、学校の、そして社会のなさねばならぬことなのです」

呼びかけ人（50音順）

安藤多恵子　千葉　保
金子　奨　中西新太郎
楠原　彰　野田正彰
佐伯　胖　濱崎タマエ
佐藤　学　原田三好
里見　実　平林　浩
篠田直樹　福田恵一
菅間正道　善元幸夫
鈴木和夫　依田彦三郎
竹内常一

付録

今ほど教育が卑しめられている時はない

平林　浩

HIRABAYASHI Hiroshi

編集部注――この原稿は、呼びかけ人である平林浩さん（当日は欠席）に、ご自身の発題として用意されていた発言の内容を後日、文章化していただいたものです。

「卑しめられる」ということばを、わたしはこれまで使ったことがないように思います。たぶん文章のなかに書いたこともないし、話すことばのなかでも使ったことはないでしょう。

このところ、教育についての話題が報道されると、たいへん腹立たしい思いをしてしまいます。たとえば、教育再生会議が二月に出した答申のなかに、「授業を妨害する子どもを教室の外に出す」という権限を法律的に設定しよう、などというものがありました。

「そんなことを国家が決めるなんてとんでもないことだ」と、ひどく腹が立ちました。子どもたちと長年にわたっていっしょにやってきた、そして今も子どもたちと授業をしている教師としても、そんなことを国家があれこれ口出しすることではないと、怒りに身体が震える思いです。

ゆとりの教育を、という方針を出して、その結果も出ないうちに、学力低下を理由に習熟度別に授業をするとか、土曜日に授業をやるとか、夏休みを短くするとか、競争を始めています。そこには子どもの姿は見えず、だれかのご都合で教育を変えてしまおうとすることしか見えてきません。

ここ数年そんなことが目立ってきたものですから、「教育が卑しめられている」ということばがしきりに頭のなかに出てくるようになったのです。

夢中で遊ぶ子どもの姿から

腹立たしさを覚えながらも、月に何回か子どもたちや大人たちと、科学や自然についての授業を続けています。その場で子どもたちの姿を見ているのは、心休まる、気持ちのいい時間です。

先日、「たまりば」というフリースペースのメンバーと、横須賀市の猿島というところに行きました。お昼の弁当を食べ、一息入れたところ、突然「水の上を歩きたい」という少女が出てきました。もちろん歩けるわけはないのですが、岩のうえから水面に足をふみ出し、「ザブン」と海の水のなかに入ってしまいました。それに呼応して、われもわれもと水のうえを一歩歩いてザブン。着の身着のままザブン、ザブンと入っていくのです。

夢中になって、まさに遊びまくるという感じがすごく気持ちよかったのです。なにか久しぶりに生き物としての人間を見たような気持ちでした。

「モンテッソーリ たんぽぽ子供の家」の五歳、六歳のクラスの子どもたちと、千葉県の県民の森に行きました。この公園は残された里山（山ではなく平地の林ですが）を千葉県が管理しているのですが、届け出さえすれば、たき火をすることも、木に登ることも、土を掘ることも自由にできます。

子どもたちが集めてきた枯れ枝や、倒木などを燃やし、焼き芋を作ったり、摘《つ》んできた草の葉やきのこを天ぷらにしました。苦味のあるタンポポの花の天ぷらも、香りの強いノビルの天ぷらも、「おいしい、おいしい」と食べます。

食べ終わると、林のなかで枯れ木を集めて自分たちの入る巣を作り始めたり、モグラが盛り上げた土を崩して穴を見つけたり、朽ち木を削って虫を探したり、はてにはかくれんぼが始まったり。先生たちは見守ったり、仲間に加わったりしている。ほんとうに疲れを知らない子どもたちは遊びに夢中です。その姿にはなにかなつかしさを感じます。

秋に行ったときには、草原で虫採りに夢中でした。夢中で虫を追っていた子どもがわたしのところに来て、目を輝かせて言いました。

「あのね、バッタはね、すぐつかまえられるんだ。飛んでいって降りたところに行けば、そこにいるからさ。だけどコオロギはつかまえるのむずかしいよ。すごく早く動くし、地面をはって、なにかのかげにすぐ入っちゃうんだもん」

「この子は、虫の動き方を知ったんだなあ」と、わたしは思いながら、

「ほう、そうなんだ。ぼくも見たいな」

と答え、いっしょにコオロギをつかまえに行きました。

山梨県の塩山市に水晶山と呼ばれている山があります。明治・大正の時代に水晶を採ったあとのくずが、山の斜面に捨てられています。そこに子どもや大人たちと水晶探しに行きました。捨てられたくずのなかに、キラリと輝く水晶がときどき見つかります。子どもはもちろんのこと、大人も夢中になります。

見つかる水晶はほとんど小さいもので、商品価値などありません。でも、美しい水晶です。完全な結晶形をしているものもあります。「自然にはこんな美しいものがあるのだ」という感動。それを自分で見つけたという感動。そんなものが得られる場はほんとうにわずかしかありません。

でも残念なことに、この水晶山の持ち主が山に入ることを禁止してしまいました。この持ち主は水晶を愛していて、その水晶をだれでも拾えるようにと、ずっと山を開放してきました。ところが、団体バスで大勢の大人がやってきたり、シャベルや篩《ふるい》をもちこんで斜面を掘って探す人がいたり、車で来て農道に駐車して農作業が妨げられたりするようなことが多く起こりました。わたしは子どもたちが道具も持たず拾うだけで、引率者もいる場合だけ許可してもらえないかお願いしてみましたが、ひとつを許せばまたほかもことわりにくくなるというので、許可していただけませんでした。

ほんとうに素敵な教育の場を失ってしまいました。心から遊びまくれる子どもたちを大切にしたい。知的に感動する子どもたちを大切にしたい。そういう場がどんどん失われてしまいます。文科省とか教育委員会は、日本中にそういう場所を本気になって確保してほしい。それこそ教育再生ではないかと思うのです。

子どもの学力はほんとうに低下しているか

学力はほんとうに低下しているのでしょうか。メディアも文科省の役人も、そのへんの大人たちも、日本の子どもたちの学力が低下していると言っています。でも、実際に子どもたちと授業をしているわたしは、それは子どもをバカにしているんじゃないかと怒りをおぼえます。

今の子どもってすごいと思います。わたしが小学生だったころ、こんなことはとても考えられなかったなあと思うことがしばしばです。

仮説実験授業の〈結晶〉という授業をやっているときの子どもの感想文があります。液体のパラジクロールベンゼン（防虫剤の主成分）や、チオ硫酸ナトリウムが、きれいな結晶になって固まっていくのを見て、「自然の力がこんなにすごいとは知りませんでした」と書いた宮崎くんは、防虫剤が液体になったのを見て「人間は水みたいなものを見ると水だと思うけど、調べてみると水ではなくてなにかの液体とだまされる」と続けて書いています。水のように見えるけれど水ではないのだとわかり、自分に感動しているのでしょう。

授業の感想文のなかに、「すっごーい」とか「びっくりした」と書いている子どもがたくさんいます。感動しながら学んでいる子どもたち。こんな子どもたちを学力低下という目で見ることは、ほんとうにバカにしていることではないのでしょうか。

学力が下がっているから日本の教育を改革するのだと教育再生会議は言っています。二〇〇三年、OECD（経済開発協力機構）の学習到来度評価（PISA）と呼ばれるテストの結果が新聞に載りました。日本は下位である。フィンランドや韓国はすごい。なぜ日本人はこんなに下がったのか、という記事です。毎日新聞の記事は読解力にかんするもの、産経新聞は数学・理科にかんするものでした。たしかに記事に載っているグラフや表を見ると、日本は下位のほうに位置づいています。

ところが、『たのしい授業』（仮説社）という雑誌に載った「学力低下の真相」上下（二〇〇七年七月、八月号）論文を見ると、新聞記事がたいへんおかしいことがわかるのです。この論文を書いた中一夫さんは中学校の教員です。学力低下がさかんに言われるもとになったこれらのテスト結果を調べてみました。すると新聞に載ったグラフや表は、全体資料の一部分だけを紹介したものでした。日本より下にある多数の国のデータを削除してあったのでした。

全体を見れば下がったと言ってさわぐほどのことでないのは明らかなのです。なにか学力低下を印象づけて、教育改革の名のもとに別の意図をもったキャンペーンだったのではないかとさえ思えてしまいます。

一方、べつの国際調査によると、数学や理科の勉強が楽しいと答えた子どもの割合は、世界でもほんとうに下位にあります。また学校を出たいわゆる社会人の科学等への関心も、世界の下位のほうに位置づいています。これは重大な問題です。これこそ今の教育を改革しなくてはならないポイントです。

学習意欲こそが問題

大学に合格すれば、あるいは就職試験に合格すればもう学ぼうとしなくなり、科学や歴史などへの関心を失ってしまうということのほうが大きな問題ではありませんか。それは子どもたちが学ぶ過程で、学ぶことが楽しいという経験をしていないからです。あるいは他の権威や他の価値に合わせることが、学びの目的になってしまっているからでしょう。みずからが学びたいから学ぶ、なにを学ぶかをみずから発見して学んでいくという学び方をしていないからです。

学力はふつう獲得した知識の量で測られます。学力には知識の量だけでなく「学習意欲」が加えられるべきです。しかも足し算ではなくかけ算として。かけ算であれば知識の量は小さくても意欲が大きければ学力は大きくなります。どんなに知識の量が大きくても学習意欲がゼロであれば、学力はゼロです。

時間数や教える中身を増やすということが学力改善につながるとは思えません。それより学習意欲を育てるための教える中身や教え方や環境をどうするかを本気で考えることこそ、教育再生の本題だと思います。

教育は基本的人権

教育に競争原理をもちこむことはたいへん危険なことです。数の計算に習熟するために多少、競争的方法をつかうというふうなことと、教育全体に競争原理をもちこむこととは、根本的にちがいます。

教育というのは人間が人間として生きていくための基本的人権の一つです。今年の二月に「教育再生」を語る講演で伊吹文部科学大臣が、「人権を食べ過ぎると日本社会は人権メタボリック症候群になる」と発言しました。人権を食べ過ぎてダメになった社会など、これまでにあったのでしょうか。

日本国憲法は基本的人権の歴史をみごとに集約したひとつの論文として読むととても面白い。その一二条に「この憲法が国民に保障する自由及び権利は、国民の不断の努力によって、これを保持しなければならない」とあります。不断の努力をして保持していかないと、それを失ってしまいますよということです。いま、教育という権利が国家権力の目的のために危険な状態になっているときなのではないでしょうか。

どういうことが人権を侵していることなのかを敏感に感じとる人間になるように、子どもたちを育てていくことが大切です。そのためにはふだんの授業そのものが、子どもの人権を無視した授業であってはならないのです。

争い競うのではなく

いま、学校現場にも市場原理をもちこんで、競争させることを意図的にやらせようとしています。学校と学校のあいだでも、子どもと子どものあいだでも。競争させることで効率を上げ、脱落していく人間を自己責任ということばで切り捨てていく。教育にも格差がはっきりしてくるにちがいありません。

わたしは、ひとりの人間が豊かな一生を生きるために教育があるんだよ、そして楽しい、面白い、という感動という心の働きを伴ったものでないものは本当の学びではないんだよ、と言いたいのです。『金沢城のヒキガエル』(奥野良之助著、平凡社)という本を読みました。この本は教育を考えるのになかなか示唆に富んでいるなと思います。

いま、地球上には数百万種の生物が生きています。この生物たちはいちばん基《もと》になる生命体から長い時間をかけて変化し、分化した結果、生まれてきたものであるということは常識になっています。その変化・分化の原動力になるのが「適者生存」という生物間の競争であると言われます。「弱肉強食」というふうなことばで言われることもあります。

ある新しい生物(種)が生まれ、固定化されていく過程のなかで、似たような環境で似たような生活の仕方をする生物とのあいだに競争が生まれることもあるにちがいありません。その競争はかならずしも相手をやっつけてしまう方向で動いていくとは限りません。環境を分け合って、これまで利用していなかったものを利用する方向で身体機能を変化させていくことで共存していく。相手の生き方とぶつからないやり方を獲得していくという方向の変化を選んだ生き物のほうが、ずっと多いのではないでしょうか。

テレビで放映される生き物をテーマにした番組では、よく「弱肉強食」ということばが使われます。しかし、その多くが、ある生物が生きるための餌を獲る場面です。たとえば、ツバメが高速で飛びながら、空中にただよう小さな虫をつかまえて食べる場面を「弱肉強食」などということばで説明するのに出会ったことはありません。ライオンがシマウマを餌としてとらえるような場面が多いのです。人間は人間の欲望によって相手より優位に立とうとするとき、この生物たちのあり方を自分の都合のよいようにとり入れて、正当化するための論理として利用しているのではないかとさえ思います。

七月ごろ水田からぞろぞろと蛙の姿になって出てくるアマガエル。いろいろな水たまりから地面を埋めるほどに這い上がってくるヒキガエルの小さい小さい真っ黒なちび蛙。親蛙はアマガエルのほうがヒキガエルよりずっと小さいのに、水からあがったばかりの蛙はアマガエルのほうがずっと大きい。このたくさんのちび蛙のうち、大人の蛙になることができるのはわずかですが。

蛙たちは、その身体に戦うために発達した器官などもっていません。爪さえもありません。場所を争ってかみつきあうとかいうふうなこともしません。それでも蛙たちは生きつづけています。

さきほど紹介した本によれば、ヒキガエルは繁殖のため水たまりに集まったときでも争うというほどのこともないということです。まして、ふだん林や森のなかで餌の虫を待つときなども、まったく争うことはないのだそうです。生物はつねに争い競って強いものが弱いものの上に立つのだというイメージが、わたしたちに植えつけられてしまっています。どうやらそれは人間が競争を正当化するために生物界のある部分を都合よくとりあげ、強調しているのにすぎないのではないでしょうか。

わたしたちの手で教育を

昨年秋のことでした。東京の調布市公民館で毎年開かれている子どもの科学教室で授業をしました。授業を始めてすぐ子どもたちが予想をたてて考えるための問題を印刷した紙を配りはじめました。そのときです。

「えっ、またいじめのアンケートなの」

と、男の子が大きな声をあげました。

わたしは一瞬、「えっ」と驚いたのですが、すぐに事情がわかりました。いまの教育の問題として「いじめ」のことが世をあげて言われています。学校でもたいへん神経質にならざるをえません。現場の教師たちの話を聞くと、みんなたいへん慎重に、熱心に取り組んでいるそうです。子どもたちのいじめの問題は教師だったら誰でも経験することです。そして、それぞれ事情がちがい、慎重な対応が必要です。多くは子どもたちと教師との信頼関係のなかで解決し、解消していくのです。

いじめはほんとうに異常に増加しているのでしょうか。じつはこれも学力の問題とおなじように、とくに増えているわけではありません。全体として減る傾向にあることは、グラフを見れば明らかです。自殺者はどうでしょう。これも小中学生とも一九八〇年にくらべれば半減しています。

学力問題にしろ、いじめ問題にしろ、メディアを動かし、教育現場に問題があるように宣伝し、教育の改革の必要性を正当化しているのではないかとさえ思えます。その高まりのなかで、教育基本法まで変えてしまったのではないでしょうか。そして、教育の主権を国家がにぎる道を着々と歩んでいるように思えます。

教育がこれほど卑しめられている時はないと思うのです。

子どもたちにとってどうなのかをいつもいつも問いながら、わたしたちの一人ひとりの権利として教育を創りあげていくことこそが大切なときです。

（出前教師）

当日会場でのアンケートから (2)

●思いを同じくする人たちが集れたことで、元気づけられる気がしました。来てよかったです。粛々と自分の仕事を進める、授業を作る、そこでもう少し頑張ってみようと思いました。

毎年一冊ずつ自分の授業のためのメモと、子どもたちについて気づいたことを書き留めたノートを作っています。今日、そのノートを買おうとして文具店に行き、あと2冊でおしまいなのだと気づき、少しショックでした。でも、あと2年、作る仕事ができると考えれば、まだできる、表現できるということなので、その時間を大切にしたいと思いました。集会アピールを聞きながら、そんなことを考えました。

●ここ十五年ほど底辺校にいますが、中より下の学校の高校生の「学びからの逃走」はますます進んでいます。「黙って座っている」ことだけに価値を与えられてきた生徒たちを学びの場に引き戻すのは大変です。が、教員の情熱と教材次第で、少なからぬ生徒に興味をもたせることができると信じていますし、できます。「粛々と」授業実践を重ねていきたいと思います。

●私たちは教基法改悪や憲法改悪に反対するときに、私たちが「どんな魅力的な学力が学校を目指しているのか」「どんな魅力的な社会を作りたいのか」をたがいに話し、アピールしていく必要があると強く思います。教師が疲れているのは、自分の営みに「将来を創る展望」を感じにくくなっているのも一つの大きな要因だと感じます。

●千葉先生の、「いろんな手があるのだ。しなやかに、したたかに」に勇気をもらいました。授業を変えていくことで学校を変えていきたい、という方向性でいいのだと、自分のなかで確認しました。

●佐藤学先生のおっしゃっていた「信頼の回復」の問題です。子どもたち同士だけでなく教師・同僚同士のそれがまず学校現場で実現される必要があるということです。もう一つは、授業づくりです。そのなかでこそ「信頼の回復」は可能となるということです。

シンポジウムの模様（壇上は福田恵一さん）

「改定教育基本法」下の学校をどう生きぬくか
4･7 緊急集会の記録

2007年11月 1 日　初版印刷
2007年11月10日　初版発行

発行　4･7 集会実行委員会
発売　株式会社太郎次郎社エディタス
113-0033　東京都文京区本郷4-3-4-3F
電話03-3815-0605
http://www.tarojiro.co.jp/
tarojiro@tarojiro.co.jp
印刷・製本　株式会社シナノ
ISBN978-4-8118-4030-7

本のご案内

希望の教育学
パウロ・フレイレ著　里見 実訳

今ある状態がすべてではない。物事を変えることができるという意志と希望を失ったそのときに、教育は、被教育者に対する非人間化の、抑圧と馴化の行為の手段になっていく。誠実かつ老獪に「可能な夢」を模索する教育思想家フレイレ晩年の主著。

四六判三二〇〇円

学校でこそできることとは、なんだろうか
里見 実

子どもたちが集まって、ひとつのことがらを協働的に持続的に、かつ知的に追究できる場として、学校以外に現在、どのような場があるだろうか。学校のもつこのメリットを、私たちはどう活かしていけるか。「人として育つ」ための学びへ。

四六判二四〇〇円

身体のダイアローグ
佐藤 学対談集

対談者＝養老孟司・藤原新也・中沢新一・谷川俊太郎・三善晃・松岡心平・栗原彬・趙恵貞ほか。ポスト・バブルの思想と文化の混乱を読み解き、教育を覆うニヒリズムを内破する言葉を創出し、学びの身体を蘇生する。八編の対話。

四六判二〇〇〇円

子どもの自分くずし、その後
「深層の物語」を読みひらく
竹内常一

不登校もいじめも、子ども・若者問題を解き明かすには、そこに秘められた深層の物語を読みひらかなくては見てとれない。子ども・若者の「自分くずし」とそこからの再生を開示する。そこには、からだとこころの危機がある。

四六判二〇〇〇円

セカイをよこせ！ 子ども・若者とともに
楠原 彰

自分の闇に閉じこもったり、他人との関係がつくれなかったりする若者たちの現実を、どうすれば乗り越えられるか。日本の子どもたちの問題とアジア・アフリカの直面する現実をどう繋ぐか。子ども・若者が希望をとりもどす課題はなにか。

四六判二〇〇〇円

「地域暮らし」宣言
学校はコミュニティ・アート！
岸 裕司

学校が地域コミュニティの拠点になった！　老若男女が小学校で憩い、集い、学ぶ。まちづくりと学校改革をセットで実現した、習志野市秋津からの発信。ロングセラー『学校を基地に〈お父さんの〉まちづくり』の実践ヒントを満載。

A5判一九〇〇円

コンビニ弁当16万キロの旅
食べものが世界を変えている
千葉 保監修　高橋由為子絵

【絵解き】コンビニから世界がみえる！「フード・マイレージ」「バーチャル・ウォーター」ってなに？　身近なコンビニとお弁当を通して、日本の食糧輸入、環境・水問題までをよみとく。コンビニ店長になって仕入れ&儲けのしくみも体験。

A5判2色刷・二〇〇〇円

お金で死なないための本
いつでもカード、どこでもローンの落とし穴
宇都宮健児監修　千葉 保著　イラ姫絵

【絵解き】十代からのマネー読本！　消費者金融の利用者一四〇〇万人、クレジットカードの発行枚数二億九〇〇〇万枚。高校卒業と同時に誰にでも起こりうるお金のトラブルとその解決方法が、絵解き・ナゾ解きでわかる。必須の法律知識。

A5判2色刷・一八〇〇円